O BOM PROFESSOR E SUA PRÁTICA

COLEÇÃO
MAGISTÉRIO: FORMAÇÃO E TRABALHO PEDAGÓGICO

Esta coleção que ora apresentamos visa reunir o melhor do pensamento teórico e crítico sobre a formação do educador e sobre seu trabalho, expondo, por meio da diversidade de experiências dos autores que dela participam, um leque de questões de grande relevância para o debate nacional sobre a Educação.

Trabalhando com duas vertentes básicas – magistério/formação profissional e magistério/trabalho pedagógico –, os vários autores enfocam diferentes ângulos da problemática educacional, tais como: a orientação na pré-escola, a educação básica: currículo e ensino, a escola no meio rural, a prática pedagógica e o cotidiano escolar, o estágio supervisionado, a didática do ensino superior etc.

Esperamos assim contribuir para a reflexão dos profissionais da área de educação e do público leitor de modo geral, visto que nesse campo o questionamento é o primeiro passo na direção da melhoria da qualidade do ensino, o que afeta todos nós e o país.

Ilma Passos Alencastro Veiga
Coordenadora

MARIA ISABEL DA CUNHA

O BOM PROFESSOR E SUA PRÁTICA

PAPIRUS EDITORA

Capa	Francis Rodrigues
Copidesque	Eliane Cornacchia
Diagramação	DPG Editora
Revisão	Alzira D. Sterque, Anna Carolina Garcia de Souza, Elaine Corradello, Josiane Romera e Marco Antonio Storani

Dados Internacionais de Catalogação na Publicação (CIP)
(Câmara Brasileira do Livro, SP, Brasil)

Cunha, Maria Isabel da
 O bom professor e sua prática/Maria Isabel da Cunha – 24ª ed. – Campinas, SP: Papirus, 2012. (Coleção Magistério: Formação e Trabalho Pedagógico)

Bibliografia.
ISBN 978-85-308-0081-9

1. Professores – Formação profissiona – Brasil I. Título. II. Série.

12-13327 CDD-370.1

Índices para catálogo sistemático:
1. Docentes: Formação profissional: Educação   370.1
2. Professores: Formação profissional: Educação   370.1

24ª Edição – 2012
9ª Reimpressão – 2025
Tiragem: 60 exs.

Exceto no caso de citações, a grafia deste livro está atualizada segundo o Acordo Ortográfico da Língua Portuguesa adotado no Brasil a partir de 2009.

Proibida a reprodução total ou parcial da obra de acordo com a lei 9.610/98. Editora afiliada à Associação Brasileira dos Direitos Reprográficos (ABDR).

DIREITOS RESERVADOS PARA A LÍNGUA PORTUGUESA:
© M.R. Cornacchia Editora Ltda. – Papirus Editora
R. Barata Ribeiro, 79, sala 3   – CEP 13023-030 – Vila Itapura
Fone: (19) 3790-1300 – Campinas – São Paulo – Brasil
E-mail: editora@papirus.com.br – www.papirus.com.br

Dedico este livro à minha mãe, ao Ênio e aos meus filhos.

E agradeço aos professores e alunos artífices desta obra, bem como ao Dr. Newton César Balzan e a todos aqueles que têm acreditado na luta pela Escola Pública no Brasil.

SUMÁRIO

PREFÁCIO 9

INTRODUÇÃO 13

PARTE I
FUNDAMENTOS TEÓRICO-METODOLÓGICOS DO ESTUDO

ORIGENS DO ESTUDO 21

POR QUE O PROFESSOR? 25

O SIGNIFICADO DO COTIDIANO 31

A QUESTÃO METODOLÓGICA 37

PARTE II
O BOM PROFESSOR PARA O ALUNO DE HOJE

A EXPECTATIVA E A IDEOLOGIA 57

CARACTERÍSTICAS PRINCIPAIS 61

PARTE III
QUEM É O BOM PROFESSOR

A HISTÓRIA DE VIDA 73

INFLUÊNCIAS PRINCIPAIS 79

VISÃO SOCIAL 85

A PRÁTICA PEDAGÓGICA 93

DIFICULDADES ENFRENTADAS 109

SOBRE A FORMAÇÃO DO PROFESSOR 113

PARTE IV
O FAZER DO BOM PROFESSOR

OS PROCEDIMENTOS 121

AS HABILIDADES 123

O CONTEXTO 133

PARTE V

CONCLUSÕES: DA PRÁTICA À TEORIA 139

BIBLIOGRAFIA 153

PREFÁCIO

Há muitas maneiras de se estudar a prática docente quando se pretende contribuir para a melhoria do quadro atualmente vigente na Educação.

Já descartamos os receituários, já nos desiludimos com sugestões de ordem comportamental, já nos cansamos de rodar em falso através de estudos comparativos entre diferentes *modelos* pedagógicos, cujo processo de mensuração de resultados, primando pela sofisticação, acaba sempre por provar exatamente aquilo que já conhecíamos.

A Dra. Maria Isabel da Cunha (Mabel) optou por outra forma de trabalho. Estudou o "Bom Professor", isto é, aquele que "deu certo".

Através de um rigoroso processo de investigação, ela identifica vinte e um professores – universitários e de Escola Técnica de 2º Grau – e vai até eles, buscando nas suas histórias de vida, no seu que-fazer pedagógico do dia a dia, isto é, vivendo com eles suas experiências, as respostas para determinadas questões que sempre nos inquietam: por que determinados docentes são considerados como "BONS PROFESSORES" por seus pares, por seus alunos e mesmo por quem não tem contacto direto com o ensino? Seria ele o inovador, por excelência? Ou o amigo de sempre, que conta piadas aos alunos, despido de qualquer formalismo? É ele obrigatoriamente o indivíduo politizado, militante em sua Associação de Classe? Ou tenderia para o tipo "conservador"? Haveria alguém que tivesse tido influência direta em sua opção pelo magistério? Um professor da universidade? Um antigo professor primário? Teria sido sua opção pela carreira do magistério definida a partir de um critério racional de escolha ou, de fato, as coisas acabaram ocorrendo mais ao acaso? Mais importante: *como são as aulas do* "Bom Professor"?

Para tentar responder a essas e a outras questões, a Mabel optou pela *pesquisa etnográfica* e conseguiu desenvolvê-la de modo seguro e correto. Sob este aspecto, seu trabalho pode se constituir em excelente contribuição para aqueles que, cursando a pós-graduação ou envolvidos em pesquisa educacional, nele encontrarão informações bastante úteis para seus próprios projetos. Em outros termos, poderão ir em frente, fundamentando-se em muito daquilo que a Mabel já terá realizado. O recurso à "História de Vida" e à Análise de Discurso – este último feito com bastante parcimônia, diga-se de passagem –, constituem importantes suportes de seu *projeto*, indo ao encontro de sua opção pela investigação de ordem etnográfica.

Este tipo de abordagem, já consagrada em países mais desenvolvidos – veja-se por exemplo os clássicos americanos *Ways with words (Language, life and work in communities and classrooms*), de Shirley Brice Heath, e *Children in and out of school: Ethnography and education* de vários autores –, encontra-se em desenvolvimento entre nós. Sob este aspecto, o trabalho realizado pela Mabel insere-se no conjunto de contribuições bastante promissoras e que têm nas pesquisas realizadas por Menga Ludke, Marli André, Maria Hermínia Domingues, Ilma Passos A. Veiga e José Luís Domingues, alguns de seus marcos mais significativos.

Seu estudo, na medida em que ajuda a iluminar um pouco mais a *didática,* poderá ter grande utilidade para todos aqueles que estão voltados para o problema da formação de professores. Vale a pena identificarmos alguns dos traços comuns aos "Bons Professores" e questionarmos sobre a possibilidade de desenvolvê-los em nós mesmos e nos professores em formação.

Mas o trabalho da Mabel tem a marca do pesquisador inquieto que nunca para de se perguntar sobre *como* e *por que* as coisas se dão de uma determinada maneira e não de outra. E assim ela acaba por questionar não apenas o trabalho de seus "Bons Professores" – que poderiam estar realizando algo de melhor qualidade ainda – mas também os próprios alunos e docentes que lhe deram as diretrizes sobre quais seriam os "Bons Professores" que ela passaria a estudar: por que eles escolheram esses vinte e um docentes e não outros? Em que contexto sociocultural se dá essa escolha? Não serão eles próprios limitados em suas opções, dadas as condições em que suas próprias experiências ("histórias de vida") vêm se dando?

Na qualidade de orientador, estou certo de que valeu a pena ter trabalhado durante quase quatro anos com a Mabel. A Educação certamente acabará avançando um pouco mais.

Newton César Balzan

INTRODUÇÃO

O objetivo desta apresentação é desvendar algumas informações sobre minha caminhada pessoal e profissional, com o intuito de localizar as origens do estudo sobre a prática do professor.

Comecei a trabalhar como professora primária, após passar por um Curso Normal bem na linha escolanovista. Sem dúvida, tenho de reconhecer que, ainda assim, este foi o melhor curso que fiz entre outros que vieram, posteriormente, a completar minha formação pedagógica. De acordo com sua inspiração, lá se aprendia a trabalhar com o conteúdo e com a forma, apesar do privilégio desta, no trato das questões pedagógicas. Não sei se também era característica da faixa etária em que me encontrava, mas vivia eu, na época, uma fase de grande entusiasmo profissional. Acreditava firmemente que a escola era a solução para todos os problemas sociais e que a educação se constituía na mola transformadora dos homens. O pedagógico era meu mundo. O político estava totalmente dissociado.

Quando comecei a trabalhar na rede estadual começaram os meus desencontros. A escola onde fui atuar estava situada em zona urbana, com crianças de classe média e de classe baixa, mas dentro de um padrão ainda "aceitável" de condições culturais. O ambiente da escola também era escolanovista, dando ênfase às atividades extraclasse, biblioteca e outros tantos. Vi, entretanto, que havia dois mundos na população. Aqueles que participavam efetivamente do processo pedagógico e os que assistiam a este processo passar. Trabalhar com os primeiros eu sabia. Mas, com os outros...

Passei a fazer parte do contingente de professores que ratificavam a marginalidade, se condoíam com a pobreza, mas queriam-na distante. Quando isto não era possível, o ato pedagógico ficava pesado, desestimulante e desgastante.

Continuei o meu curso superior em Ciências Sociais. Pouco aprendi. Visão crítica não havia nenhuma. Estávamos nos anos 1967 e 1968. Quem pensava diferente era considerado subversivo, inimigo do país. As ideias de Durkheim foram a espinha dorsal do curso. Jamais saímos para observar a realidade numa visão antropológica.

Passei então a lecionar no secundário. Estava eu repetindo não mais a prática escolanovista que, neste nível de ensino, pouco interferiu, mas retomando os parâmetros da escola tradicional: repetição dos conteúdos oficiais, ênfase na memória, pedagogia da ordem. É claro que a visão psicologista que tanto me marcou encaminhava a minha relação com os alunos numa perspectiva afetiva. Mas sem qualquer consciência crítica.

A reforma do ensino proposta pela lei 5.692/72 me apanhou realizando a primeira etapa dos Cursos do Premem no Rio Grande do Sul. O aceno a melhores salários e condições de trabalho foi recebido de braços abertos pelos professores horistas e contratados, como eu. Incorporei toda uma perspectiva técnico-desenvolvimentista no meu discurso pedagógico. Completei então o curso de Pedagogia para atuar em supervisão.

Das atividades na Escola Polivalente, passei a funcionar como supervisora pedagógica na Escola Técnica Federal de Pelotas. Esta instituição, marcada pelo autoritarismo estrutural, carregava a visão de educação muito próxima à perspectiva de empresa. Adequação ao mercado de trabalho, obediência, competência, eram palavras de ordem. A aplicação da tecnologia educacional veio a calhar numa escola voltada para a aplicação tecnológica em geral. A perspectiva liberal – os melhores vencerão – permeava a ideologia de grande parte dos professores, formados pela própria escola. A atividade de supervisão que desenvolvi, mesmo sem consciência do fato, carregou consigo as ideias psicologistas do bom relacionamento humano e do clima favorável necessário à educação, trazendo, muito na superfície, alguns propósitos democratizantes.

Em 1975, paralela à atividade na Escola Técnica, ingressei como professora de didática na Faculdade de Educação da Universidade Federal de Pelotas. Devo a esta experiência o início do meu despertar crítico, em função de um grupo que constituía o corpo docente da faculdade. Apesar de não ter muito claros os pressupostos, havia uma intensa procura, ainda na linha humanista-fenomenológica, de um novo projeto educacional.

Em 1977, fui selecionada para participar do Programa de Pós-Graduação da PUC-RS, na área de Métodos e Técnicas de Ensino, a nível de Mestrado. O curso, sem dúvida, contribuiu para o aprofundamento e sistematização dos meus conhecimentos na área de ensino, mas sua perspectiva era marcadamente tecnicista. Minha dissertação final respondia a um anseio que vinha, na época, das questões que vivíamos na Faculdade de Educação da UFPEL, recém-criada. O estudo levou o título de "Papel da Faculdade de Educação na Percepção dos Professores da Universidade Federal de Pelotas". Vejo hoje que, neste trabalho, o que mais me valeu foi a iniciação à pesquisa, ainda que a mesma tenha sido realizada numa perspectiva essencialmente positivista.

Voltei às minhas instituições de origem. Mas a maior parte dos meus questionamentos permanecia.

Como o movimento da crítica à educação era um fenômeno nacional e como estávamos ansiosos por uma nova alternativa, foi muito fértil o terreno para que as ideias da denúncia pedagógica tivessem guarida.

Foi um processo de descobertas e ambiguidades. Desesperanças e desencantos. Então, o que estávamos fazendo nós? A filosofia crítica mostrava o caráter reprodutor da didática; a neutralidade pedagógica foi colocada por terra; as experiências de educação popular, muito valorizadas em relação à escola. Senti realmente uma crise de identidade.

A questão colocada foi: a partir da compreensão crítica da educação, para que serve a escola? Que estou fazendo eu nesta engrenagem social? Há coerência entre o que penso e o que faço? É possível transformar mesmo dentro do aparelho escolar?

É neste ponto que, em 1981, me encontrei com a questão da especificidade da escola. Foi a proposta de Guiomar Namo de Mello que me desvendou o primeiro caminho Mergulhei a fundo nas leituras, cursos, seminários, conferências que pudessem ajudar a amadurecer minhas ideias. Consegui compreender que a contradição também acontecia na escola e que através dela o espaço pedagógico se tornava, por excelência, o espaço político. É claro que muitas dúvidas ainda me acompanhavam. Uma certeza, entretanto, foi para mim fundamental: a educação é um ato político e eu precisava definir meu caminho.

Optei pelos mais difíceis, pois se opunham à prática do poder constituído. Participei de atividades que me fizeram crescer muito. Envolvi-me com o movimento docente. Destaco as experiências que tive como participante da diretoria da Associação de Docentes da UFPEL (ADUFPEL) como das mais significativas em minha trajetória pessoal e profissional, especialmente a organização e participação na campanha "DIRETAS JÁ" e a disputa pelo cargo da Reitoria da Universidade, que me colocou entre os seis mais votados pela comunidade acadêmica.

Descobri, então, que o caminho para a transformação social na área da educação é duplo: contempla o específico da escola e envolve a prática social mais ampla, que se dá na participação política, em qualquer instância.

A par das atividades universitárias, o meu trabalho como supervisora pedagógica na Escola Técnica Federal continuava. Como não podia deixar de ser, ele também foi totalmente redefinido. Compreendi que o meu papel era essencialmente político, voltado para a organização grupal dos professores, tendo em vista a ocupação de espaços e decisões. Não foi uma tarefa fácil. Fui, inclusive, ameaçada pelo Diretor de ser afastada da função, sob alegação de que "minhas condições emocionais e políticas não eram compatíveis com a ação de uma supervisora". Mas eu estava convicta de que aquele era o caminho certo. Lutei por ele e não me arrependi. Para fazer isso embrenhei-me no estudo e nas questões sobre a relação educação e trabalho. E nelas estou envolvida.

Em 1985, encorajei-me a ingressar no curso de Doutorado. A mola propulsora do meu entusiasmo foi o desejo de continuar estudando aquilo de que tanto gosto e que ocupa grande parte do tempo da minha vida: educação de professores. O curso foi, para mim, muito importante. A convivência na Unicamp, um privilégio. A distância geográfica dificulta a nós, professores do Brasil meridional, o contato com a produção do conhecimento que se faz no centro do país.

Iniciei minhas atividades acadêmicas na área de Psicologia. O encaminhamento dos meus estudos através das disciplinas cursadas e, provavelmente, a trajetória aqui descrita levaram-me a solicitar transferência para a área de Metodologia do Ensino. Destaco aqui a influência do professor Dr. Newton César Balzan, que, através de suas aulas, esclareceu melhor o meu caminho. Também o meu apoio foi fundamental na defesa do meu intento.

Realizei cursos muito importantes, tanto na perspectiva de fundamentos da educação como na linha mais instrumental. A troca de experiências com os colegas, os questionamentos sobre nossas práticas e ideias também contribuíram intensamente para meu crescimento.

O encaminhamento de minha tese veio quase ao natural. Diria até que de forma inevitável. A minha preocupação com a formação do professor e a sua prática em serviço determinou o meu estudo porque, de fato, ocupa minha vida.

Este é o resultado que ora apresento. Com toda a simplicidade, penso que ele pode contribuir para com todos aqueles que compartilham de meus anseios e preocupações, pois poderá servir de estímulo a novos estudos e pesquisas.

O trabalho está estruturado em cinco partes. A primeira prova trata das origens do estudo e do processo metodológico.

Omiti, propositadamente, dois capítulos de reflexão teórica porque penso que serviram como degrau para a minha própria elaboração, mas que talvez não tivesse maior significado para o leitor. Optei por deixar descritas, nesta primeira parte, as condições metodológicas, por acreditar que elas podem ser úteis aos interessados nos processos da pesquisa qualitativa, do tipo etnográfico.

A segunda parte aborda a concepção de Bom Professor que é presente nos alunos de hoje, além de tentar desvendar alguns fatores intervenientes na construção deste conceito.

A parte seguinte procura mostrar quem é o Bom Professor e como ele percebe sua própria trajetória.

A quarta parte se propõe a analisar o que faz o Bom Professor a partir da observação da sua prática de sala de aula.

Por fim, à guisa de conclusão, procuro analisar criticamente o "modelo" de ensino encontrado e tirar algumas lições para quem, como eu, dedica-se à ação e reflexão sobre a formação do educador.

PARTE I

FUNDAMENTOS TEÓRICO-METODOLÓGICOS DO ESTUDO

"O senhor... Mire e veja que o mais importante e bonito do mundo é isto, que as pessoas não estão sempre iguais, não foram terminadas, mas que elas vão sempre mudando. Afinam ou desafinam – verdade maior. É o que a vida me ensinou. Isto me alegra, montão."
Guimarães Rosa

ORIGENS DO ESTUDO

Já há algum tempo minhas atividades profissionais estão voltadas para a educação de professores, em experiências diversificadas. Atuo como professora de Didática nos Cursos de Licenciatura da Universidade Federal de Pelotas, como docente de Metodologia do Ensino em cursos de especialização da Faculdade de Educação da mesma universidade e faço trabalho de apoio pedagógico junto a professores em serviço, tanto na instituição de ensino superior como no 2º grau, na Escola Técnica Federal de Pelotas.

Minha preocupação com a prática pedagógica dos docentes emerge de uma situação natural de trabalho e de vida. Ao longo do curso de Doutorado, procurei subsídios que pudessem ajudar-me a delinear um estudo que esclarecesse alguns pontos significativos no processo de formação e educação de professores.

Ao procurar evoluir na minha própria prática pedagógica, percebi que muitos aspectos da formação do professor precisam ser mais aprofundados e definidos para que possam sofrer uma intervenção.

Quando falamos em educação de professores, parece-me que devemos partir da indagação sobre o que determina o desempenho do professor na prática de sala de aula. A sala de aula é o lugar privilegiado onde se realiza o ato pedagógico escolar. Para ela afluem as contradições do contexto social, os conflitos psicológicos, as questões da ciência e as concepções valorativas daqueles que compõem o ato pedagógico: o professor e os alunos. Estudar o que acontece e, especialmente, por que acontece na sala de aula é tarefa primeira daqueles que se encontram envolvidos com a educação de professores e comprometidos com uma prática pedagógica competente.

A escola é uma instituição contextualizada, isto é, sua realidade, seus valores, sua configuração variam segundo as condições histórico-sociais que a envolvem. Há toda uma confluência de fatores que determinam seu perfil e suas manifestações. O professor com relação à escola é, ao mesmo tempo, determinante e determinado. Assim como seu modo de agir e de ser, recebem influências do ambiente escolar, também influenciam este mesmo ambiente. A escola, analisada em diferentes momentos históricos, certamente mostrará realidades também diferenciadas. Se o professor refletir sobre si mesmo, sua trajetória profissional, seus valores e crenças, suas práticas pedagógicas, encontrará manifestações não semelhantes ao longo do tempo. Esse jogo de relações entre a escola e a sociedade precisa ser, cada vez mais, desvendado para que se possa compreender e interferir na prática pedagógica.

Uma visão simplista diria que a função do professor é ensinar e poderia reduzir este ato a uma perspectiva mecânica, descontextualizada. É provável que muitos dos nossos cursos de formação de professores limitem-se a esta perspectiva. Entretanto, sabe-se que o professor não ensina no vazio, em situações hipoteticamente semelhantes. O ensino é sempre situado, com alunos reais em situações definidas. E nesta definição interferem os fatores internos da escola, assim como as questões sociais mais amplas que identificam uma cultura e um momento histórico-político. Com isso quero dizer da não neutralidade pedagógica e caracterizar o ensino como um ato socialmente localizado.

A educação possui um conceito relativo em função de valores individuais e sociais. Contudo, é preciso, pelo menos, que se expresse essa correlação e que o educador e o educando dela sejam conscientes. Como o professor processa esta classificação e como ele objetiva essas questões na sua prática pedagógica são fatores essenciais para definir sua formação.

Pensei assim contribuir para a tarefa daqueles que, como eu, se ocupam com a educação de educadores. O que me impulsionou a este estudo foi o desejo de questionar as certezas pedagógicas, as ideias preconcebidas, o delineamento dos currículos e todas as demais instâncias que envolvem a formação do professor.

Meu interesse foi partir do desempenho do professor e aprofundar estudos sobre sua história para identificar que influências foram, para ele, mais significativas.

Quis analisar o que acontece na prática pedagógica e por que acontece.

Quis saber como o professor constrói a imagem que tem de si mesmo e no que o seu modo de ser interfere na sua prática pedagógica.

Quis investigar, ainda, a que ele atribui "o ser como é" e que fatos, ideias, aprendizagens e experiências foram mais significativas na sua formação.

POR QUE O PROFESSOR?

A escolha do professor como enfoque principal desta pesquisa não significa que ele é visto isoladamente nem também o desconhecimento dos demais fatores intervenientes do processo escolar.

A escolha do professor pressupõe a aceitação da existência social da escola e da sua função institucional. Isto é, o objetivo é estudar o professor enquanto na escola, situado e condicionado pelas suas circunstâncias histórico-sociais. Assumo conscientemente o empenho de aprofundar estudos sobre um dos elementos integrantes do contexto escolar sem, com isso, desfazer os demais. Não se consideram aí critérios de importância, e sim de interesse. E assim, como talvez fosse precipitado afirmar que o professor tem papel principal no desempenho escolar, é impossível desconhecer que sem professor não se faz escola e, consequentemente, é fundamental aprofundar estudos sobre ele. Ainda mais quando, a partir da leitura da realidade, percebe-se que as relações de poder permeiam o papel do professor e são, ao mesmo tempo, causa e consequência da realidade escolar.

É claro que a importância e significado do papel do professor não dependem exclusivamente dele. Compreendendo a escola como uma instituição social, reconhece-se que o seu valor será atribuído pela sociedade que a produz. Reconhece-se, também, que a importância do papel do professor varia em função dos valores e interesses que caracterizam uma sociedade em determinada época.

A sociedade contemporânea já produziu a ideia do professor-sacerdote, colocando a sua tarefa a nível de missão, semelhante ao trabalho dos religiosos. A mistificação do professor foi produto social e interferiu no seu modo de ser e de agir. Evoluiu posteriormente a ideia do professor como profissional liberal, privilegiando o seu saber específico e atribuindo-lhe uma independência que, na prática, talvez nunca tivesse alcançado. Mesmo nos países desenvolvidos, como é o caso dos Estados Unidos da América, os professores, segundo Mills (1977, p. 147), são vistos como os "proletários das profissões liberais". Provavelmente essa proletarização que se acentua nos países do Terceiro Mundo esteja indicando que hoje, no Brasil, o professor tenda a ser um trabalhador assalariado que vende, normalmente ao Estado, o produto do seu trabalho. Esta perspectiva inclui a ideia de que o trabalho intelectual também está incluído no processo de produção. E essa ideia é fundamental na perspectiva da diminuição dos abismos existentes entre as classes sociais. Não podemos perder de vista que o mundo capitalista tende a "comprar" a produção intelectual que lhe interessa, interferindo, desta forma, no perfil dos profissionais liberais, entre os quais está o professor.

Estudar, pois, o professor como ser contextualizado nos parece da maior importância. É o reconhecimento do seu papel e o conhecimento de sua realidade que poderão favorecer a intervenção no seu desempenho.

A leitura dos atuais pensadores brasileiros nos leva a perceber que há o reconhecimento comum de alguns aspectos fundamentais na formação de professores e que esta não deve ser restrita aos Cursos de Habilitação ao Magistério (2º Grau) e Licenciatura. A ideia de que o educador se educa na prática da educação é fundamental para reorientar a pesquisa e a ação daqueles que se envolvem com a área.

A proposta de formação, como nos é dado ver, depende da concepção que se tem de educação e de seu papel na sociedade desejada. Quase todas as propostas atuais contemplam o saber específico, o saber pedagógico e o saber político-social como partes integrantes da formação dos professores. A ênfase em um desses elementos e o ponto de partida para esta formação é que diferem de autor para autor. O principal ponto de discussão parece ser a relação que se estabelece entre essas três abordagens.

Entretanto, é importante salientar que os estudos que colocam o professor histórica e socialmente contextualizado, afirmando que seu desempenho e formação têm que ver com suas condições e experiências de vida, pressupõem uma relação forte entre o saber e os pressupostos da elaboração deste saber.

Esta relação foi sistematicamente banida da formação de professores e de outros profissionais em nosso país, pela forte influência do pensamento positivista que definiu as coordenadas de nossa cultura. De acordo com essa corrente, "as ciências da sociedade, assim como as da natureza, devem limitar-se à elaboração e à explicação causal dos fenômenos, de forma objetiva, neutra, livre de julgamento de valor ou ideologias, descartando previamente todas as pré-noções e preconceitos" (Löwy, p. 17).

Foi muito forte a influência positivista e de muita extensão as práticas baseadas em seus princípios. O axioma da neutralidade valorativa das ciências conduz o positivismo a ignorar o condicionamento histórico-social do conhecimento.

O estado atual do conhecimento que se desenvolve em nossas escolas é fruto, certamente, da influência positivista sobre as práticas que lá se desenvolvem. E o professor é o principal veiculador dessas práticas. Esta realidade em si desvela a contradição dos princípios positivistas. Mostra que o professor trata o conhecimento da forma como aprendeu e ainda da maneira como vivenciou experiências escolares.

A análise dos estudos e propostas que se fazem hoje para a escola e para o professor brasileiro tende a negar o pensamento positivista e a recuperar a ideia de que "a educação é um projeto simultaneamente político e filosófico, cuja compreensão não cabe exclusivamente no âmbito da racionalidade científica" (Trigueiro Mendes, p. 60).

Assim sendo, a normatividade básica da educação provém de um saber mais radical, de um saber dos valores que, em última análise, estruturam o ser e a cultura do homem na sociedade.

Levar em conta essas premissas é também refazer as concepções sobre o conhecimento e sobre a ação de ensinar e aprender este conhecimento. Se compreendermos e aceitarmos a ideia do homem como sujeito da história, fatalmente teremos de encontrar propostas que o façam também sujeito do conhecimento. Paulo Freire tem contribuído muito para o pensamento pedagógico nesta linha:

> A educação que se impõe aos que verdadeiramente se comprometem com a libertação não pode fundar-se numa compreensão dos homens como seres vazios, a quem o mundo encha de conteúdos... mas sim a da problematização dos homens em suas relações com o mundo (1975, p. 77).

A educação de professores que temos tido, assim como a educação em geral, tem sido muito mais a que procura internalizar o saber do que conscientizar o homem, sujeito do conhecimento. Trigueiro Mendes (p. 63) diz que, a "internalização significa a consciência passiva, implícita, acompanhada pela percepção difusa quanto aos fenômenos culturais, econômicos e políticos". Nesse tipo de processo o indivíduo absorve o social sem reflexão crítica. Contrapondo à internalização, a conscientização é o processo ativo, explícito, crítico e projetivo "quanto aos fenômenos referidos, acompanhada pela percepção articulada destes numa totalidade concreta e histórica" (p. 63).

A concepção de ensino e as práticas realizadas pelo professor certamente terão de ser diferenciadas conforme os objetivos se direcionem à internalização ou à conscientização.

Isto significa ter uma concepção nova da relação existente entre o sujeito socialmente situado e o conhecimento. Significa entender que aprender não é estar em atitude contemplativa ou absorvente, frente aos dados culturais da sociedade, e sim estar ativamente envolvido na interpretação e produção destes dados.

Para melhor compreensão desta perspectiva é interessante ler Paulo Freire (1987, p. 18), quando diz que nós professores, em geral,

> reduzimos o ato de conhecer o crescimento existente a uma mera transferência deste conhecimento. E o professor se torna exatamente o especialista em transferir conhecimento. Então, ele perde algumas das qualidades necessárias, indispensáveis, requeridas na produção

do conhecimento, assim como no conhecer e conhecimento existente. Algumas destas qualidades são, por exemplo, a ação, a reflexão crítica, a curiosidade, o questionamento exigente, a inquietação, a incerteza – todas estas virtudes indispensáveis ao sujeito cognoscente.

Os estudos que têm sido feitos neste sentido mostram que pela educação de professores deverá passar, certamente, uma nova concepção do processo ensino-aprendizagem, que derivará da recolocação do conhecimento na perspectiva histórico-social.

O crescimento da consciência crítica estará dependente de uma nova maneira de encarar a relação entre o sujeito e o objeto do conhecimento, que nega a perspectiva positivista, tão largamente difundida nos programas de formação de professores no Brasil.

Tudo indica que para se chegar a isto é necessário caminhar por um ensino que favoreça a produção do conhecimento, ou seja, a localização dos sujeitos da aprendizagem numa perspectiva de indagação que leve ao estudo, à coleta de dados e à reflexão.

A pesquisa, nesta perspectiva, passa a ter um sentido especial, pois envolve o professor na tarefa de investigar e analisar o seu próprio mundo. "O primeiro pesquisador, na sala de aula, é o professor que investiga seus próprios alunos" (Shor, p. 21). Esta concepção exige que a pesquisa deixe de ser um mito para ser uma prática acessível, em suas proporções, a todo professor e a todo aluno. Isto não significa abandonar o rigorismo, mas sim despi-la do aparato burocratizante que a visão positivista nos legou, com o intuito de proteger a ciência para poucos iniciados em seus postulados e normas.

Unir ensino e pesquisa significa caminhar para que a educação seja integrada, envolvendo estudantes e professores numa criação do conhecimento comumente partilhado. A pesquisa deve ser usada para colocar o sujeito dos fatos, para que a realidade seja apreendida e não somente reproduzida.

A análise sobre a educação de professores, seu desempenho e o trato do conhecimento parece de fundamental importância ao delineamento de novos rumos na prática pedagógica. O estudo do professor no seu cotidiano, tendo-o como ser histórico e socialmente contextualizado, pode auxiliar na definição de uma nova ordem pedagógica e na intervenção da realidade no que se refere à sua prática e à sua formação.

O SIGNIFICADO DO COTIDIANO

A necessidade sentida de desvendar o cotidiano do professor vem da certeza de que esta é uma forma de construção de conhecimentos. O objeto de estudo é o conhecimento que dirige a conduta na vida diária, sendo, pois, necessário começar pelo esclarecimento dessa realidade. Trata-se de um empreendimento que "embora de caráter teórico, engrena-se com a compreensão de uma realidade que constitui a matéria da ciência empírica da sociologia, a saber, o mundo da vida cotidiana" (Berger & Luckmann 1978, p. 35).

A vida cotidiana é a objetivação dos valores e conhecimentos do sujeito dentro de uma circunstância. É através dela que se faz concreta a prática pedagógica, no caso do professor. É tentar descobrir como ele vive e percebe as regras do jogo escolar, que ideias vivencia na sua prática e verbaliza no seu discurso e que relações estabelece com os alunos e com a sociedade em que vive.

O método mais conveniente para esclarecer os fundamentos da vida cotidiana é o da análise fenomenológica que se abstém de qualquer hipótese causal ou genética, assim como de afirmações relativas ao *status* ontológico dos fenômenos analisados" (Berger & Luckmann 1978, p. 37).

Nesta perspectiva, a vida cotidiana está organizada em volta do aqui e do agora, do presente do sujeito. Todavia, este lança mão de outros fenômenos que não são presentes para interpretar a realidade. Fenomenologia significa o discurso sobre aquilo que se mostra como é (*phenomeno*n + *logos*). A direção se dá para "a coisa mesma", isto é, para o "fenomenal", que vai se apresentar para a experiência como fenômeno (Martins 1984, p. 81).

Assim, o ver fenomenológico que se dá no cotidiano produz, através da experiência, formas diversas de perceber a realidade, que passam pelos sentidos, lembranças e emoções. Cada sujeito é único com sua história própria que lhe permite dar significado à experiência e construir o cotidiano.

Ao estar interessada em dirigir-me à experiência tal como ela se dá, precisei levar em conta o mundo que a rodeia e ver como o objeto se apresenta na experiência do sujeito. O mesmo fato pode ter significados diferentes para pessoas diferentes. O fato de o professor ter tido uma educação autoritária e punitiva pode fazê-lo tentar repelir esta forma no seu cotidiano docente, mas pode também, levá-lo a repetir esta prática.

A realidade da vida cotidiana também inclui uma participação coletiva. O existir na vida cotidiana é estar continuamente em interação e comunicação com os outros, e os significados próprios são partilhados com os significados das outras pessoas, que vivem também o cotidiano. A expressão do cotidiano do professor é determinante e determinada pela conjuntura social e cultural em que se desenvolve.

É importante compreender, também, que a vida cotidiana tem estrutura espacial e temporal. A primeira está relacionada com o que foi referido acima, isto é, a vida do sujeito com os outros numa dimensão social. A segunda, a temporalidade, é uma propriedade intrínseca da consciência.

De acordo com Berger & Luckmann (*op. cit.*), a corrente da consciência é sempre ordenada temporalmente. O tempo que se encontra na realidade diária é contínuo e finito. Ele existiu antes da pessoa e continuará a existir depois. Isto significa que seus projetos estão condicionados a um tempo e este fato interfere no seu cotidiano. É dentro da estrutura temporal que a vida cotidiana conserva seu sinal de realidade.

O professor nasceu numa época, num local, numa circunstância que interferem no seu modo de ser e de agir. Suas experiências e sua história são fatores determinantes do seu comportamento cotidiano. Além disso, ele divide o seu tempo em função do seu projeto de vida. Ao analisar o cotidiano, estará se fazendo um estudo do momento em que ele está vivendo e esse fato certamente concretizará esse cotidiano. Mesmo que possa haver um similar ritual diário entre um professor em início e outro em término de carreira, os significados dados a esse ritual terão variações. É provável que haja relatos e explicações bastante diferenciadas.

Aí interferem, também, as formas de expressão do sujeito no cotidiano. Os autores acima citados dizem que "a expressividade humana é capaz de objetivações, isto é, manifesta-se em produtos da atividade humana que estão ao dispor, tanto dos produtores quanto dos outros homens, como elementos que são de um mundo comum" (p. 53). Nesta perspectiva a linguagem exerce papel fundamental, assim como a expressão através de sinais que evidenciam valores frente ao fenômeno.

A linguagem nasce e encontra sua referência na vida cotidiana, referindo-se em especial à realidade que se experimenta e que se partilha com os outros. É através dela que manifestamos a nós mesmos.

Para o professor, principalmente, a linguagem é fundamental, pois sua principal ferramenta de trabalho é a palavra. Com ela, ele faz o seu cotidiano e é também por ela que se pode fazer uma análise deste cotidiano.

Mas a linguagem é alguma coisa apropriada por determinada pessoa e é sob este prisma que ela é reveladora. O vocabulário usado, as entonações, as expressões, as pausa e os silêncios são indicadores da forma de ser e agir do sujeito. São bastante conhecidos os exemplos de frases que, dependendo de como são pronunciadas, podem ter significados diferentes. Além disso, a linguagem estabelece a reciprocidade, especialmente em situação face a face. A fala de um produz a fala ou a reação de outro e a subjetividade de ambos produz uma aproximação única que nenhum outro sistema de sinais pode reproduzir. Assim, é impossível que, sem a compreensão da linguagem, se possa fazer a compreensão da realidade da vida cotidiana.

No entanto, é importante entender que pode haver diferença entre viver um fato e falar sobre ele. Nesta última situação já emprestamos ao fato interpretações, classificações e explicações que caracterizam a própria visão. Na análise do cotidiano é preciso levar isto em conta. O professor pode teorizar sobre formas mais recomendáveis de estabelecer relações com seus alunos e, na prática, vivenciar situações em que reaja de modo diferente do manifestado teoricamente, ou então pode contar uma experiência vivida, acrescentando ou subtraindo alguma informação. É o filtro, consciente ou não, que o relato carrega em função do sujeito que o faz. Por isso, a noção de vida cotidiana requer atilada busca e certa interpretação daquilo que está ocorrendo com o sujeito. O sujeito aqui não é visto como sujeito biológico ou psicológico, simplesmente, mas sim como sujeito social, isto é, ele dentro do seu mundo de relações sociais, "vivendo sua vida e realizando seu trabalho, empreendendo atividades variadas para poder reproduzir-se no mundo histórico particular em que vive" (Ezpeleta & Rockwell 1986, p. 24).

O conhecimento do professor é construído no seu próprio cotidiano, mas ele não é só fruto da vida na escola. Ele provém, também, de outros âmbitos e, muitas vezes, exclui de sua prática elementos que pertencem ao domínio escolar. A participação em movimentos sociais, religiosos, sindicais e comunitários pode ter mais influência no cotidiano do professor que a própria formação docente que recebeu academicamente. Há uma heterogeneidade na vida cotidiana do professor manifesta pelas incongruências, saberes e práticas contraditórias e ações aparentemente inconsequentes. É preciso recuperar esse aspecto heterogêneo ao invés de eliminá-lo, na tentativa de enquadrá-lo em tipologias previamente definidas. Ao contrário, a riqueza, muitas vezes, está no heterogêneo e é preciso reconhecê-lo como produto de uma construção histórica.

O estudo e o relato do cotidiano para superar a perspectiva de ser mera descrição, precisam estar referenciados na dimensão histórica. Segundo Ezpeleta & Rockwell, "estabelecendo-se o seu caráter histórico, é possível compreender que o conteúdo social do conjunto de atividades cotidianas não é arbitrário, nem corresponde a uma escolha que cada sujeito faz em face de uma gama infinita de possibilidades. As atividades individuais contribuem para processos específicos de produção e reprodução social. Recuperam e redefinem instituições construídas de antemão. Produzem valores que se integram na acumulação social. Em todos esses processos, as atividades cotidianas refletem e antecipam a história social" (p. 26).

A prática e os saberes que podem ser observados no professor são o resultado da apropriação que ele fez da prática e dos saberes histórico-sociais. A apropriação é uma ação recíproca entre os sujeitos e os diversos âmbitos ou integrações sociais. Só que elas são diferentes nos sujeitos, isto é, eles se apropriam de diferentes coisas em função de seus interesses, valores, crenças etc. Isto é demonstrado pelo diferenciamento existente entre o comportamento dos professores que seguem propostas pedagógicas distintas, "refletindo e antecipando sua história".

O estudo do cotidiano do professor vem sendo realizado por vários autores para auxiliar o estudo da presença da história no seu modo de ser, a busca das apropriações reais e potenciais que acontecem de baixo para cima, isto é, da sua caminhada como ser social. A partir daí, então, poderão ser buscadas novas categorias de análise, na tentativa de organizar um conhecimento que responda a algumas e provoque outras inquietações no professor, estimulando-o a participar da construção social de sua própria realidade.

A QUESTÃO METODOLÓGICA

Por que o método?

O objetivo do estudo encaminhou-me à pesquisa qualitativa. Meu interesse foi desvendar o professor na sua história, no seu contexto social, a partir de suas percepções e das condições que o rodeiam.

As pesquisas quantitativas em geral são preditivas e já têm nos dado indicadores sobre as qualidades de um bom professor. Entretanto, são atributos de um ser hipotético, não materializado. Decidi tomar o caminho contrário, partir do professor real e adentrar no seu cotidiano, na sua história de vida, relatar e analisar o que aconteceu com ele, porque é o que o faz ser um professor respeitado no seu ambiente profissional. Esta intenção fez-me optar pela pesquisa de caráter etnográfico, pois este tipo de abordagem parece melhor adequar-se aos propósitos previstos.

Percebi logo que esta linha de trabalho científico tem sido pouco explorada na análise da realidade escolar e dos seus componentes. Lancei-me, pois, a aprofundar conhecimentos sobre o próprio método, seus pressupostos e características. Relatarei, a seguir, os pontos teóricos que me pareceram principais para o desenvolvimento de uma pesquisa etnográfica.

A origem deste tipo de trabalho está na antropologia. Martínez (1985, p. 218) diz que em sentido restrito a investigação etnográfica "tem constituído a produção de estudo analítico-descrito dos costumes, crenças, práticas sociais e religiosas, conhecimentos e comportamentos de uma cultura particular, geralmente de povos ou tribos primitivas".

Continua o autor esclarecendo que, em sentido mais amplo,

> consideram-se como investigações etnográficas, muitas de caráter qualitativo (educacionais ou psicológicas), estudo de casos, investigações de campo, investigações antropológicas em que prevalece a observação participante, centrada em um ambiente natural e evitando-se a determinação prévia de variáveis por parte do investigador (p. 218).

Spradley (*apud* Lüdke & André 1979, p. 14) já simplifica o conceito dizendo que a "etnografia é a descrição de um sistema de significados culturais de um determinado grupo".

E Wolcott, também citado por Lüdke & André, chama a atenção de que "o uso etnográfico em educação deve envolver uma preocupação em pensar o ensino e a aprendizagem dentro de um contexto cultural amplo" (p. 14).

Essas conceituações levaram-me a entender o processo de pesquisa como parte das atividades do educador, localizando seu fazer pedagógico dentro do contexto social onde ele atua. O pesquisador assume um papel de não neutralidade, de sujeito da pesquisa dentro do contexto investigado. Parece que, quanto mais inserido no meio que constitui objeto de estudo, mais oportunidades terá para dispor de dados relevantes. Isso significa assumir que o pesquisador, como membro de uma sociedade localizada no tempo e no espaço, reflete, no seu trabalho, também os valores que traz consigo, analisando os dados e mapeando a realidade de acordo com seu referencial.

Neste sentido, o pesquisador toma a etnografia como um processo de produção de conhecimento e não apenas como uma forma descritiva de relatar seus resultados. Usá-la como processo significa a não redução do seu pressuposto teórico em nível positivista, mas sim contestar esta prática que tem a tendência de separar a teoria e o fenômeno.

Ezpeleta & Rockwell (1986, p. 33) chamam a atenção para as visões de alguns teóricos que partem de posições positivistas e postulam "o caráter empírico e ateórico da tarefa etnográfica", considerando-a como mera fornecedora de dados. Já outros, de acordo com as autoras, "com fundamentos fenomenológicos, defendem o ateorismo como traço essencial da descrição etnográfica, cuja meta seria a de conhecer o mundo tal como o conhecem os sujeitos que o experimentam diariamente".

As duas posições reduzem a etnografia a um processo de coleta de dados e consideram que a perspectiva teórica do pesquisador não interfere na decisão.

Entretanto, na história da antropologia há uma vasta tradição afirmando que a descrição tem de ver com o sujeito que a realiza.

Geertz (1982, p. 15) diz que as questões e os problemas que geram um trabalho de pesquisa etnográfica já demandam um posicionamento teórico e uma forma de ver o mundo. Diz ainda que a descrição etnográfica é um objeto construído pelo pesquisador através da observação e interpretação das realidades desvendadas.

Uma das questões fundamentais, portanto, é corrigir uma descrição do fenômeno articulado organicamente com a estrutura de determinada formação social. A etnografia propõe-se a conservar a complexidade do fenômeno social e a riqueza de seu contexto peculiar.

Isto não implica que não exista a elaboração teórica. Ela é o pressuposto do "ver o fenômeno". Significa, sim, que a etnografia "não requer a definição de um modelo teórico acabado que funcione como marco, ou seja, delimite o processo de observação, exigência, por exemplo, das pesquisas quantitativas e experimentais, nas quais a operacionalização das variáveis é necessária. Dado o vínculo estreito entre observação e análise, a definição de categorias teóricas de diferentes níveis vem se construindo no processo de pesquisa etnográfica" (Ezpeleta & Rockwell 1986, p. 49).

O processo é aberto e simples. Formulando questões que ainda não pressupõem construção teórica anterior, o pesquisador observa e junto interpreta. Seleciona no contexto o que há de significativo em relação à elaboração teórica que está realizando. Deve ter uma preocupação grande em observar tudo que consegue. Muitas vezes é o detalhe que fornece as pistas para explicação do fenômeno. As reações, as expressões e as interações podem ser dados tão importantes quanto as manifestações orais.

O princípio que guia este tipo de investigação pressupõe que os indivíduos estão formados por certas estruturas do significado que determinam sua conduta (Martínez 1985). A pesquisa trata de descobrir o que são estas estruturas, como se desenvolvem e como influem na conduta tentando, ao mesmo tempo, fazê-lo de forma compreensiva e objetiva. De acordo com Wilson *(apud* Martínez), a etnografia parte do suposto de que aquilo que a pessoa diz ou faz está moldado consciente ou inconscientemente pela situação social. São as experiências e as condições de vida que fornecem a formação dos conceitos e do desempenho do indivíduo. Daí a importância da caracterização da situação social pelo investigador e da proximidade que deve ter com o campo pesquisado. Quanto mais junto, maior a probabilidade de obter dados que requerem confiança e intimidade. Uma das características do método etnográfico "é exatamente a observação sistemática das situações reais de campo onde fenômenos têm maior probabilidade de ocorrer naturalmente e a partir dos quais podem ser desenvolvidas hipóteses e teorias" (Kounin 1977 *apud* André 1978, p. 9).

Metodologia

Faz parte do senso comum, ratificado pelos órgãos institucionais, que o professor possua um saber que lhe é próprio. Esse saber possui duas grandes direções: o domínio do conteúdo de ensino, isto é, de seu próprio objeto de estudo, e o domínio das ciências de educação que lhe permitirão compreender e realizar o processo pedagógico. Para fins de atuação no 1º e 2º graus há, inclusive, um reconhecimento legal deste saber, na medida em que existem cursos próprios para a formação de professores que abrangem os domínios já citados. Já para o 3º grau não há exigências legais que reconheçam a obrigatoriedade da formação pedagógica. Porém, também não há negação expressa de que esse conhecimento não seja útil e necessário.

Os órgãos competentes definem que a formação pedagógica deve, obrigatoriamente, incluir estudos sobre psicologia, metodologia de ensino e estrutura e funcionamento do ensino de 1º e 2º graus. Filosofia não aparece como imprescindível. Estabelecem, também, que as disciplinas de formação pedagógica devam corresponder a, no mínimo, 1/8 do total do currículo dos cursos de formação de professores, em nível de graduação.

Sem questionar a importância da formação pedagógica, este estudo procurou desvelar como a prática docente se dá e o que concorre para que ela seja como é.

A ideia de que a competência é socialmente definida, em função do tempo e lugar em que é percebida, encaminhou-me para o estudo do cotidiano do professor.

A minha experiência com alunos exercitando a discussão sobre o bom professor indicou que há algumas questões que merecem ser exploradas.

O que é um bom professor? O que o contexto sociocultural tem de ver com esta determinação? O que contribui para sua competência? A formação pedagógica é imprescindível? Que tipo de formação pedagógica? Há influência da prática social do professor sobre o seu desempenho? Como o professor se percebe, isto é, como ele conta a sua história? Como ele percebe a formação pedagógica recebida em relação à sua prática social? Que importância tem a influência que recebeu de seus próprios professores? Como se dá sua visão de profissionalização e de inclinação para o magistério? Até onde o vínculo com o conteúdo de sua matéria de ensino é importante para o seu desempenho?

Como o professor concretiza suas ideias na sala de aula? Como ele veicula os conceitos que manifesta aos alunos? Que relação há entre suas concepções e a prática (conteúdo e forma) de sala de aula? Como os alunos percebem a prática pedagógica deste professor?

Essas questões podem suscitar depoimentos que respondam ao interesse de elucidar como são, como atuam, por que são e por que atuam os professores que são reconhecidos positivamente na sua ação docente. É provável que o registro de práticas pedagógicas que estão dando certo contribua para as ciências da educação, mesmo levando em conta as limitações objetivas das condições de trabalho e formação do professor.

A necessidade de desvendar o cotidiano do professor definiu os procedimentos metodológicos. Basicamente serviram para que a descrição do campo de estudo se transformasse em conhecimento. O objeto deste estudo, como já foi explicado, é o professor, especificamente o professor que tem êxito na sua comunidade escolar.

A partir daí decidi trabalhar com professores de 2° e 3° graus para poder ver se o grau de ensino em que o professor atua, sendo parte do contexto social, influencia o seu desempenho. Para fins de delimitação do universo a ser pesquisado optei por efetuar um levantamento junto aos alunos. Esta decisão me permitiu, além de estudar os BONS PROFESSORES, discutir a própria ideia de BOM PROFESSOR presente hoje nos alunos e localizar no tempo e no espaço esta valoração, em consonância com o contexto social.

Dada a natureza do estudo levei em conta a importância de estar e ser mais próxima possível dos professores estudados. Escolhi, por isso, as instituições em que trabalho e outras com as quais tenho ou tive algum tipo de vínculo. A investigação foi realizada na cidade de Pelotas-RS, onde resido e atuo profissionalmente.

No nível do ensino superior, defini a Universidade Federal de Pelotas como instituição envolvida. Naturalmente selecionei a Faculdade de Educação onde atuo como docente e optei pelos cursos de Pedagogia e Licenciatura em Educação Física. Esta escolha deve-se ao fato de que já atuei na formação de professores desta área. Agronomia, Veterinária, Direito, Arquitetura e Medicina foram incluídos como cursos que representavam áreas diferentes do conhecimento e por serem unidades de ensino com as quais tive contato, quando atuei na Coordenadoria de Apoio Pedagógico da Pró-Reitoria Acadêmica da UFPEL. O Instituto de Física e Matemática fez parte como representante das unidades que se ocupam com o Ciclo Básico e por ser o que atende o maior número de alunos neste nível.

Com relação ao 2° grau a escolha incidiu em quatro escolas públicas, seguindo o mesmo critério usado com a universidade, isto é, escolas que representassem diferentes realidades do ensino de 2° grau. Foram selecionadas a Escola Técnica Federal de Pelotas, onde atuo como supervisora pedagógica; o Instituto de Educação Assis Brasil, onde fiz minha formação de 1º e 2º graus; o Colégio Municipal Pelotense, onde trabalhei como docente por alguns anos, e, também, o Colégio Estadual João XXIII, onde tenho estado por diversas vezes para palestras e ainda por este representar uma escola noturna.

A primeira escola, nitidamente profissionalizante, possui sete habilitações na área secundária da economia e pertence ao sistema federal de ensino. Suas condições de funcionamento são privilegiadas comparando-se com as demais escolas da rede pública de ensino. A profissionalização que se propõe é realmente alcançada pela garantia de mercado de trabalho e remuneração satisfatória aos seus egressos. Sua organização historicamente recebeu influência do modelo empresarial. Seus professores, em grande parte, são ex-alunos da própria escola e manifestaram valores que permeiam as relações pedagógicas do seu ambiente de trabalho.

O Instituto de Educação Assis Brasil é uma escola estadual que tradicionalmente forma professores de 2º grau, através da habilitação Magistério. É uma instituição de renome na comunidade e teve destaque entre as escolas públicas da cidade, desde a sua fundação em 1929. Com o advento da lei 5.692/71, o instituto deixou de dedicar-se exclusivamente à formação de professores e incluiu no seu curso de 2º grau habilitações com outros objetivos. Este fato descaracterizou um pouco o seu perfil e, como parte da desvalorização da escola pública como um todo, teve seu trabalho desvirtuado. Apesar de ser uma escola pública, sempre foi muito procurada por alunos da classe média, o que ratificou o seu prestígio.

O Colégio Municipal Pelotense é o mais antigo da cidade, funcionando há mais de oitenta e cinco anos. É um estabelecimento de tradição entre os pelotenses, voltado, até o advento da lei 5.692/71, ao ensino propedêutico. Sua história é permeada pelos valores liberais e sua participação na comunidade foi sempre reconhecida, em especial, pelo padrão de excelência de seus alunos vestibulandos e de seus professores. A referida legislação obrigou o Colégio Pelotense a assumir a profissionalização. Esta foi, entretanto, realizada de forma a não ferir a sua trajetória acadêmica. A deteriorização em que caiu a escola pública em geral e a escassez de recursos do município tiveram consequências no colégio, que hoje tenta recuperar sua imagem e retomar o ensino acadêmico.

Por fim, a quarta escola escolhida, o Colégio Estadual João XXIII, é um estabelecimento mais recente que nasceu com o objetivo de ser uma Escola Técnica de Comércio, meta que vinha cumprindo até 1971. A legislação de 1º e 2º graus também interferiu na sua trajetória, especialmente na ampliação de habilitações terciárias e na implantação de cursos em nível de auxiliar técnico. A Escola Estadual João XXIII carrega os problemas da realidade do 2º grau no país: alunos trabalhadores, prédio emprestado de outra escola de 1º grau, funcionamento dificultado pelas instalações e falta de material adequado. Tem procurado, entretanto, manter seu espaço, inclusive encetando uma campanha pública por suas próprias instalações.

Para tratar do ensino superior, algumas informações foram importantes na caracterização das unidades de ensino e sua história na universidade.

A Universidade Federal de Pelotas (UFPEL) foi criada como tal em 1969, sendo, pois, como universidade relativamente nova. Seu embrião foram as Faculdades de Direito e Odontologia, que eram unidades isoladas da Universidade Federal do Rio Grande do Sul e as Faculdades da área agrária que formaram a Universidade Rural do Sul. Para a formação da UFPEL foram aglutinadas estas unidades de ensino superior, sendo posteriormente criados outros cursos que ampliaram a atuação da instituição. Sua composição, portanto, reúne estabelecimentos de ensino com significativa história (caso da Faculdade de Agronomia Eliseu Maciel, que conta 104 anos) e outras criadas bem recentemente.

A identidade de uma instituição com estas características tem sido difícil de construir. A história, as práticas e os movimentos vivenciados por cada unidade são diferentes. Além disso, a distribuição física dos prédios também dificulta a interação. A inexistência de um projeto pedagógico específico da UFPEL, a exemplo da maior parte das universidades brasileiras, impede que a ela se dê um rosto próprio e único. Por incrível que pareça, são os momentos de luta em defesa da universidade pública (greve de professores, funcionários e alunos) que têm propiciado maior integração universitária, favorecendo o espaço para discussões sobre a UFPEL. Este retrato é importante para que se compreendam as formas institucionais diversas que pesam sobre os docentes. Parece que o clima das unidades de ensino é mais influente sobre o desempenho do professor do que o da universidade como um todo. Entretanto, não é possível desconhecer que há influências e valores gerais na universidade que incidem sobre toda sua comunidade. Eles se revelam especialmente pelos documentos legais, pelas formas históricas de composição de seus grupos dirigentes, pela priorização orçamentária etc. Como toda universidade pequena e distante dos grandes centros, a nossa tem tido, preponderantemente, preocupação com o ensino. A pesquisa é feita em algumas unidades de maior tradição, especialmente as que possuem cursos de pós-graduação. É recente a percepção concreta da indissociabilidade do ensino, pesquisa e extensão.

Os professores selecionados para o estudo em cada uma destas realidades escolares atenderam a uma intencionalidade, partindo do pressuposto de que "o princípio de intencionalidade é adequado no contexto da pesquisa social com a ênfase nos aspectos qualitativos, onde todas as unidades não são consideradas como equivalentes, ou de igual relevância" (Thiollent 1985, p. 62).

Para chegar aos BONS PROFESSORES uma série de procedimentos foi desenvolvida. Houve um contato inicial com as unidades de ensino da UFPEL e com as escolas de 2º grau através de seus diretores e/ou coordenadores de curso. Este contato foi de importância fundamental para a observação de reações e estabelecimento de um clima de confiança e cooperação.

Feito um cronograma comecei a conversar com os alunos concluintes de cada curso, partindo do pressuposto de que seriam eles os mais adequados a participarem da pesquisa, tendo em vista que já haviam convivido com a maioria dos professores do curso.

Para eles explicava minhas intenções. Os alunos pareciam surpresos, demonstrando que não estavam habituados a participar de pesquisas e, muito menos, a fazer juízos sobre os professores. Não houve reação negativa. Todos executaram a tarefa respondendo às questões propostas, que foram colocadas no quadro de giz para resposta imediata. Em algumas turmas houve, inclusive, manifestações de interesse com o resultado da pesquisa, tendo os alunos solicitado explicações do processo e pedindo que a eles fossem comunicadas as conclusões da investigação. As perguntas a eles feitas foram as seguintes:

- Qual o melhor professor que você teve no curso de..............?
- Por que razão você escolhe este professor? Cada aluno deveria indicar apenas um nome.

De acordo com o previsto, a consulta foi feita em doze cursos, sendo quatro de 2º grau e oito de nível superior. A expectativa inicial era, pois, de estudar doze professores. Entretanto, em alguns cursos os nomes de dois ou três professores receberam indicação dos alunos para o primeiro lugar, de forma equilibrada, isto é, com uma diferença não superior a cinco escolhas entre o primeiro e o segundo indicados. Para contornar o problema, apresentei as mesmas questões a mais uma turma de alunos, isto é, àqueles que cursavam o penúltimo semestre do curso.

Como a distribuição de escolhas permanecesse da mesma forma, optei por ampliar a amostra, de forma que nesses casos a mesma contivesse dois nomes para cada curso. Treze nomes passaram a compor, portanto, o universo a ser pesquisado, no que se refere ao Ensino Superior: três deles correspondem a três cursos diferentes, isto é, um nome por curso; dez correspondem aos cinco outros cursos.

Quanto ao 2º grau, dois cursos apontaram um professor cada um e outro apontou dois professores, usando o mesmo critério que foi aplicado ao ensino superior. A estes somaram-se mais quatro professores que fizeram parte do estudo inicial desta investigação, conforme detalhado no Projeto de Pesquisa. Esses quatro professores foram escolhidos por um dos cursos de 2º grau.

Nas escolas de 2º grau tive a oportunidade de realizar o trabalho de levantamento do nome do melhor professor também com os próprios docentes. O estudo comparativo entre os resultados das tabulações para os dois grupos permitiu identificar os sujeitos a serem pesquisados. Na verdade houve significativa concordância entre professores e alunos. Este fato mostrou que, de alguma forma, a opinião dos alunos é tão consistente quanto a dos professores.

Com os professores universitários este procedimento foi impraticável devido à estrutura departamental que os agrupa. Esta organização impede que os docentes do curso possam opinar na globalidade, pois, muitas vezes, eles não têm dados dos colegas de outros departamentos.

A dispersão de escolhas observada entre os estudantes e mesmo entre os professores certamente decorre do fato de que a ideia de BOM PROFESSOR, sendo valorativa, depende do referencial e da experiência do sujeito que atribuiu valor. Acredito, porém, que os critérios utilizados para a identificação dos sujeitos terão conduzido aos nomes daqueles que parte da comunidade – o próprio corpo docente e os alunos – considera BONS PROFESSORES.

Foi através dos professores escolhidos que tentei apreender a sua contextualização. Michelat (1985, p. 149) aponta que há possibilidades de reconstruir os modelos de cultura e subcultura presentes numa sociedade através das diferentes trajetórias de vida, levando em conta os processos de socialização vividos e das influências recebidas, conscientes ou não, de diferentes grupos aos quais os indivíduos já pertenceram ou pertencem ainda.

O estudo dos professores que relatarei a seguir teve, então, um caráter de construção de um conhecimento localizado no contexto social. A história e os valores dos professores é que permitiram a análise de seu desempenho de forma contextualizada. É necessário que esta compreensão aconteça desde o processo de escolha dos alunos que, por sua vez, também são sujeitos de uma história que se dá num tempo e num lugar.

Para realizar a pesquisa, fundamentada na bibliografia a respeito e na própria natureza qualitativa de investigação, utilizei a *entrevista* e a *observação*. Penso que estas duas formas acopladas forneceram dados significativos para o alcance de meu objetivo.

A entrevista teve caráter de semiestruturada, procurando dar liberdade à manifestação dos respondentes.

Minha primeira preocupação foi informar ao professor o que estava fazendo e por que estava fazendo, procurando dissipar qualquer desconfiança quanto ao uso dos dados.

A escolha da entrevista não diretiva baseou-se na intenção de captar ao máximo a fala do professor e, através dela, captar o sistema de valores, as representações e os símbolos próprios de uma cultura ou subcultura, inclusive as de conteúdo afetivo. A importância deste procedimento esteve em "facilitar a produção de significados fortemente carregados de afetividade, mesmo quando se apresentam como estereótipo: o que nós procuramos pôr à luz, de fato, é a lógica subjacente às associações que, a partir da instrução inicial, irão levar o entrevistado a abordar tal ou qual tema, a voltar atrás ou progredir para outros temas" (Michelat *apud* Thiollent 1985, p. 197).

Ao elaborar o roteiro de perguntas tive especial preocupação com os interesses do próprio entrevistado. André (1986, p. 35) chama a atenção para o respeito que se deve ter com o universo próprio de quem fornece as informações, as opiniões, as impressões, enfim, o material em que a pesquisa está interessada.

A pesquisa de campo supõe que, quanto mais intensa é a participação do investigador dentro do grupo em estudo, mais ricos serão os seus dados. Por isso toda a oportunidade de convivência não foi desprezada.

Para a realização da pesquisa organizei roteiro de tópicos e questões relativas ao tema para servir, ao mesmo tempo, de estímulo e de encaminhamento ao discurso do professor, respeitando o ritmo e o espaço que ele imprimia.

Definidos os sujeitos, procurei manter com eles um contato interativo e preparar as condições necessárias para a entrevista.

Além das entrevistas usei a *observação* como técnica de coleta de dados. No caso, a sala de aula se apresentou como sendo o ambiente propício e natural para colher dados relevantes.

Pareceu importante saber como o professor manifesta suas ideias e seus valores na prática pedagógica e que tipo de prática é esta que satisfaz os alunos. De acordo com Lüdke & André, "... a observação possibilita um contato pessoal e estreito do pesquisador com o fenômeno pesquisado. A experiência direta é, sem dúvida, o melhor teste de verificação da ocorrência de um determinado fenômeno" (p. 26).

Foi importante assumir, entretanto, a questão subjetiva da observação. É a interação do investigador com o objeto pesquisado. Quem vê um fenômeno faz, à sua maneira, a partir de seus constructos e conceitos prévios.

Foi necessário, sem dúvida, definir seletivamente os principais focos de observação que derivam dos propósitos do próprio estudo. Mas eles não foram suficientes para pressupor uma neutralidade na observação.

No caso específico deste estudo, a observação assumiu um caráter relevante, pois é na sala de aula que se concretiza o ato pedagógico em estudo. É também a partir das experiências de aula que os alunos constroem o referencial para indicar o BOM PROFESSOR.

É importante informar que os instrumentos foram elaborados pelo próprio investigador a partir dos objetivos do estudo e da revisão de literatura realizada.

Para a montagem do *roteiro de informações* foram organizadas questões que identificaram dados referentes à vida funcional pregressa do professor, sua formação e sua prática profissional e social.

Para a entrevista, algumas categorias foram privilegiadas, tais como:

- informações sobre como o professor vê a sua própria formação em termos quantitativos e qualitativos;
- informações sobre a prática social (atuação em movimentos classistas, sindicatos, partidos políticos, movimentos religiosos, órgãos colegiados etc.) e sobre o tipo de influência que essa prática exerce na tarefa docente;
- representação sobre as ideias pedagógicas que norteiam o seu trabalho – concepções de educação, de aluno, de ensino e de aprendizagem;
- representação sobre a prática da sala de aula – como planeja forma e conteúdo e como vê a execução deste plano;
- identificação de problemas encontrados para o desenvolvimento de sua prática pedagógica.

O protocolo de observação de aulas procurou ser flexível, coletando informações sobre as atividades docentes e interação que caracterizam o cotidiano da sala de aula, sem usar categorias predefinidas. Os conceitos enunciados pelo professor foram analisados em termos de prática pedagógica.

O enfoque da observação, entretanto, foi feito sobre o conteúdo trabalhado, forma utilizada e relações interpessoais.

A organização e análise de dados, em se tratando de pesquisa qualitativa, é um processo bem complexo. É necessário que o pesquisador tenha uma visão global do objeto pesquisado e do contexto que o circunda sem, entretanto, perder as peculiaridades e os aspectos particulares que podem, muitas vezes, enriquecer a compreensão do fenômeno.

Ao contrário da pesquisa quantitativa, a análise, no tipo de investigação pretendida, esteve presente em vários estágios do processo de conhecimento do campo, apesar de se fazer mais sistemática após a coleta de dados. Segundo Lüdke & André (1986, p. 42) "... neste momento – as autoras referem-se ao momento de análise – o pesquisador já deve ter uma idéia mais ou menos clara das possíveis direções teóricas do estudo e parte então para trabalhar o material acumulado, buscando destacar os principais achados da pesquisa".

O modo de apresentação dos dados foi descritivo, usando-se a quantificação nos casos em que foi necessário caracterizar os sujeitos e quando a quantificação acrescentou relevância para a compreensão do fenômeno. Entretanto, nosso esforço foi no sentido de ultrapassar a simples descrição, buscando realmente acrescentar a análise ao assunto focalizado.

Os procedimentos, nesta fase, envolveram processos como a classificação e organização dos dados de maneira que pudessem ser utilizados numa fase mais complexa de análise.

A contribuição de Martínez (*op. cit.*, p. 229) sobre esta etapa é de que o pesquisador tenha uma atitude de reviver a realidade em sua situação concreta e depois refletir sobre a situação vivida para compreender o que se passa. Recomenda a "descrição sistemática das características do fenômeno em jogo, a codificação e formação de categorias conceituais, o desenvolvimento e a validação das associações entre os fenômenos, a preparação de construções lógicas e postulados que emergem dos fenômenos de um ambiente, com outros ambientes ou situações similares". O pressuposto é que, se na pesquisa experimental se buscam dados para confirmar a teoria, na pesquisa etnográfica se busca uma teoria que explique os dados encontrados.

O estudo, portanto, incluiu dois tipos de tratamento de dados: um, usando procedimentos de estatística bastante simples que permitiram o agrupamento de informações consideradas relevantes; outro, usando princípios de Análise do Discurso como processo descritivo do estudo realizado. Vale salientar que os dois tipos de tratamento se completaram.

A Análise do Discurso tem sido usada com frequência nas investigações qualitativas e se adéqua bastante à pesquisa etnográfica, uma vez que tenta analisar o contexto do sujeito enquanto fala ou enquanto cala. Esta abordagem permite uma leitura do discurso na tentativa de dar sentido, às palavras além de sua conotação linguística.

Entre tantos, Eni Pulcinelli Orlandi tem contribuído significativamente na difusão e aplicação desta técnica. A conceituação que apresenta diz que:

> A Análise do Discurso é o conjunto de descrições e proposições produzidas a partir de um certo número de teses (sobre a língua, a enunciação, a história etc.) que as tornam possíveis. Essas teses regulam a metodologia de descrição e dão um sentido aos resultados que produzem". O uso deste método, segundo a mesma autora, "pressupõe a possibilidade de ultrapassar as análises que se limitam à frase, chegando à relação mundo-linguagem, onde os sujeitos não são transparentes, devem ser pensados em seus processos histórico-sociais de constituição (1986, p. 111).

A Análise do Discurso trabalha com a linguagem no intuito de desvendar o significado que ela tem para o sujeito. Neste sentido o estudo da linguagem não pode estar separado da sociedade que o produz.

São históricos e sociais os processos que dão constituição à linguagem, pois ela não é só instrumento do pensamento ou instrumento da comunicação. Ela tem papel importante na construção da identidade.

O uso da Análise do Discurso na pesquisa qualitativa favoreceu a descoberta da relação da linguagem com a exterioridade. É o dizer e o calar de um sujeito situado numa sociedade temporal, usando a palavra com significados próprios de seu contexto.

A contribuição de Orlandi (1986, p. 60) diz que a exterioridade são as condições de produção do discurso que envolvem o falante e o ouvinte, o contexto da comunicação e o contexto histórico-social onde ela se dá. Segundo a autora "... a Análise do Discurso introduz, através da noção de sujeito, a de ideologia e a de situação social e histórica". O importante é compreender o significado que o sujeito dá às suas palavras. E isto varia no tempo, no espaço e nas relações sociais. Para a Análise do Discurso, a linguagem é produzida pelo sujeito em condições determinadas e quem a analisar deve procurar mostrar o seu processo de produção.

O tratamento dos dados realizado neste estudo baseou-se nos pressupostos da Análise do Discurso. A tarefa de desvelamento das falas e dos silêncios dos professores foi uma tentativa, às vezes árdua, de aprofundar as questões. Creio, entretanto, que foi válido o esforço. Ainda que de forma inicial, meu exercício de Análise do Discurso abriu muitas portas para o aprofundamento da compreensão do ato pedagógico exercido pelo professor.

PARTE II

O BOM PROFESSOR PARA O ALUNO DE HOJE

"O vento é o mesmo; mas sua resposta é diferente em cada folha."
Cecília Meireles

Ao decidir trabalhar com alunos para construir a amostra de BONS PROFESSORES objeto desta pesquisa, já tomei a posição de fazer um corte na realidade para analisar o cotidiano, isto é, aquilo que está ocorrendo hoje em nossas escolas. Esta decisão está ligada à perspectiva etnográfica que objetiva analisar o fenômeno socialmente localizado.

Conforme relato constante da introdução teórica a este estudo, nós não temos muita tradição em processos de avaliação de professores. Aliás, poder-se-ia dizer que, de forma sistemática, não há nenhuma experiência que consolide esta prática. Na universidade existem critérios de promoção que são indicadores da competência do professor. Mas eles são determinados e usados muito mais como referencial de carreira do que como realimentação da prática da sala de aula. Na rede de 1º e 2º graus nem mesmo estes existem e, se alguns sistemas estaduais ou municipais adotam, seguem os parâmetros semelhantes aos da universidade.

Como seres humanos somos, porém, valorativos. É inevitável que façamos uma avaliação das nossas instituições de ensino mesmo com critérios advindos do senso comum. A propósito, convém lembrar Luckesi (1984, p. 9) para quem a "... avaliação é um julgamento de valor sobre características relevantes da realidade, em comparação com um padrão ideal, tendo em vista a realização de uma ação".

As instituições de ensino de qualquer um dos graus não têm projeto próprio, explícito, que delineie "o padrão ideal". Assim, quando se fala de BOM PROFESSOR, as características e/ou atributos que compõem a ideia de "bom" são frutos do julgamento individual do avaliador. É claro que a questão valorativa é dimensionada socialmente. O aluno faz a sua construção própria de bom professor mas, sem dúvida, essa construção está localizada num contexto histórico-social. Nela, mesmo de forma difusa ou pouco consciente, estão retratados os papéis que a sociedade projeta para o BOM PROFESSOR. Por isso ele não é fixo, mas se modifica conforme as necessidades dos seres humanos situados no tempo e no espaço.

A EXPECTATIVA E A IDEOLOGIA

Não há dúvida de que existe entre o aluno e o professor um jogo de expectativas relacionadas aos respectivos desempenhos. A escola como instituição social determina aos seus próprios integrantes os comportamentos que deles se espera. Por outro lado, como instituição social, ela é determinada pelo conjunto de expectativas que a sociedade faz sobre ela. Este fluxo é que reproduz a ideologia dominante.

Há um certo consenso sobre os comportamentos que se espera de um aluno e o mesmo acontece com relação ao professor. Isto significa dizer que parte da relação professor-aluno já é predeterminada socialmente. O modelo de sociedade define o modelo de escola e nele está contida a ideologia dominante.

Para Marilena Chaui (1980, p. 92), "... a ideologia resulta da prática social, nasce da atividade social dos homens no momento em que estes representam para si mesmos essa atividade". No entanto, continua a autora, "... as idéias dominantes em uma sociedade numa época determinada não são todas as idéias existentes na sociedade, mas são apenas as idéias da classe dominante dessa sociedade numa época, ou seja, a maneira como ela representa para si mesma sua relação com a natureza, com os demais homens, com a sobrenatureza (deuses), com o Estado etc.".

Por certo, então, os papéis escolares estão definidos ideologicamente também na sociedade, identificados com a classe dominante, passando pelas formas de produção e distribuição do conhecimento. Os professores vivem num ambiente complexo onde participam de múltiplas interações sociais no seu dia a dia. São eles também frutos da realidade cotidiana das escolas, muitas vezes incapazes de fornecer uma visão crítica aos alunos, porque eles mesmos não a têm, porque se debatem no espaço de ajustar seu papel à realidade imediata da escola, perdendo a dimensão social mais ampla da sociedade.

Além disso, sobre o professor e o aluno há todo o peso das relações institucionais. "As instituições controlam a conduta humana estabelecendo padrões previamente definidos de conduta, que a canalizam em uma direção por oposição a muitas outras que seriam teoricamente possíveis... As instituições têm sempre uma história, da qual são produtos, e isto implica controle" (Berger & Luckman 1978, p. 80).

A instituição interfere na expectativa tanto dos professores como dos alunos. Na análise dos depoimentos dos alunos percebi que havia aspectos diferenciados, por exemplo, entre os alunos de 2º e 3º graus. Apesar de a visão geral do BOM PROFESSOR ser semelhante, percebi que entre os alunos de 2º grau há ainda muita expectativa de maior direcionamento do processo ensino-aprendizagem por parte dos professores. Eu poderia dizer que os alunos de 2º grau requerem um professor mais diretivo. Se analisarmos, porém, a escola de 2º grau como instituição veremos que ela é toda mais diretiva (horários dos alunos e professores, definição de conteúdos, calendário escolar, movimentação dos alunos no espaço escolar etc.) do que a do ensino superior. O ambiente institucional passa esta ideia de ordem aos integrantes de sua comunidade e estes valores passam a ser arte das expectativas dos alunos. Um professor que atua nos dois graus de ensino chegou a expressar:

> Na universidade mudo meu comportamento em algumas coisas. Lá sou mais independente e os alunos são mais maduros. A escola de 2º grau tem ainda de preocupar-se com a formação de certos hábitos que requerem mais rigidez...

Berger & Luckman (1978) dizem que toda a conduta institucionalizada envolve um certo número de papéis. Assim eles participam do caráter controlador da instituição. "···· em virtude dos papéis que desempenha, o indivíduo é introduzido em áreas específicas do conhecimento socialmente objetivado, não somente no sentido cognitivo, mas também do conhecimento de normas, valores e mesmo ações" (p. 104).

Portanto, a escolha que o aluno faz do BOM PROFESSOR é permeada por sua prática social, isto é, o resultado da apropriação que ele faz da prática e dos saberes histórico-sociais. A apropriação é uma ação recíproca entre os sujeitos e os diversos âmbitos ou integrações sociais. Só que elas são diferentes nos sujeitos, ou seja, eles fazem apropriações diferentes em função de seus interesses, valores, crenças, experiências etc. Isto é demonstrado pela diferenciação existente entre o comportamento dos alunos quando propõem o BOM PROFESSOR.

CARACTERÍSTICAS PRINCIPAIS

Os alunos que responderam ao questionamento eram concluintes dos diversos cursos elencados, quer de 2º quer de 3º grau. Foram eles os escolhidos pela probabilidade maior de terem tido contato com um número mais amplo de professores dos cursos referidos. As justificativas dadas pelos alunos para escolha do BOM PROFESSOR estão bastante dirigidas para as questões atinentes à relação professor-aluno. Ao tentar interpretar seus depoimentos confirmei que é difícil fracionar a imagem do BOM PROFESSOR. Na percepção dos alunos os aspectos se entrelaçam e certamente se inter-relacionam. Com isso quero dizer que dificilmente um aluno apontaria um professor como BOM ou MELHOR de um curso, sem que este tenha as condições básicas de conhecimento de sua matéria de ensino ou habilidades para organizar suas aulas, além de manter relações positivas. Contudo, quando os alunos verbalizam o porquê da escolha do professor, enfatizam os aspectos afetivos.

Entre as expressões usadas estão "é amigo", "compreensivo", "é gente como a gente", "se preocupa conosco", "é disponível mesmo fora da sala de aula", "coloca-se na posição do aluno", "é honesto nas observações", "é justo" etc. Essas expressões evidenciam que a ideia de BOM PROFESSOR presente hoje nos alunos de 2º e 3º graus passa, sem dúvida, pela capacidade que o professor tem de se mostrar próximo, do ponto de vista afetivo. É interessante observar que é quase impossível, a não ser para fins didáticos e de pesquisa, tentar depurar, distinguir atitudes do professor que se referem especificamente a este lado da relação professor-aluno.

A forma de ser do professor é um todo e depende, certamente, da cosmovisão que ele possui. Não sei até que ponto é importante ou possível classificar as atitudes dos professores. Até porque também elas, como fruto da contradição social, nem sempre apresentam formas lineares e totalmente coerentes com uma corrente filosófica. É inegável, porém, que a forma de ser e de agir do professor revela um compromisso. E é esta forma de ser que demonstra mais uma vez a não neutralidade do ato pedagógico.

Continuando e aprofundando a análise dos depoimentos, consegui perceber que as atitudes e os valores dos professores que estabelecem relações afetivas com os alunos se repetem e se intrincam na forma como eles tratam o conteúdo e nas habilidades de ensino que desenvolvem.

Valho-me das palavras dos alunos para exemplificar:

- "Escolho este professor como o melhor pela forma com que nos faz pensar, colocando o conteúdo teórico não como verdade acabada, mas questionando-o..." (Física no 2º grau).
- "O que me agrada no professor João é que ele está sempre pronto a responder as nossas dúvidas; ele até estimula a gente a ter dúvidas..." (Curso de Arquitetura).
- "O professor Pedro é o melhor porque ele transmite para a gente o gosto que ele tem pela Matemática. Ele nos mostra o prazer de aprender" (Ciclo Básico).

Para mim está muito claro nesses depoimentos que a relação professor-aluno passa pelo trato do conteúdo de ensino. A forma como o professor se relaciona com a sua própria área de conhecimento é fundamental, assim como sua percepção de ciência e de produção do conhecimento. E isto é passado para o aluno e interfere na relação professor-aluno; é parte desta relação.

Outro aspecto que se entrelaça é a metodologia do professor. Um professor que acredita nas potencialidades do aluno, que está preocupado com sua aprendizagem e com o seu nível de satisfação com a mesma exerce práticas de sala de aula de acordo com esta posição. E isto também está indicado na relação professor-aluno.

A título de exemplo, gostaria de referir que entre as características dos melhores professores estão: "torna as aulas atraentes", "estimula a participação do aluno", "sabe se expressar de forma que todos entendam", "induz à crítica, à curiosidade e à pesquisa", "procura formas inovadoras de desenvolver a aula", "faz o aluno participar do ensino" etc.

Parece consequência natural, para o professor que tem (boa relação com os alunos, preocupar-se com os métodos de aprendizagem e procurar formas dialógicas de interação.

É importante dizer que os alunos não apontam como melhores professores os chamados "bonzinhos". Ao contrário. O aluno valoriza o professor que é exigente, que cobra participação e tarefas. Ele percebe que esta é também uma forma de interesse se articulada com a prática cotidiana da sala de aula.

Entretanto, vale também chamar a atenção para um aspecto muito significativo: quando os alunos hoje apontam O BOM PROFESSOR, só em situações raras, referem-se ao seu posicionamento político. Isto significa dizer que esta não é uma dimensão apreendida por eles e que não faz parte fundamental da sua percepção de BOM PROFESSOR. É claro, para nós, que o comportamento do professor manifesta uma postura política. Mas, ao que parece, este não é um dado consciente para os alunos e talvez sequer seja para o professor. O aluno, quando escolhe o BOM PROFESSOR, não faz menção à capacidade crítica de análise da sociedade que o professor possa ter.

Para os nossos alunos atuais, o BOM PROFESSOR é aquele que domina o conteúdo, escolhe formas adequadas de apresentar a matéria e tem bom relacionamento com o grupo. Entre os alunos universitários há, inclusive, ressalvas escritas como "apesar de não ter posições políticas mais avançadas, escolho este professor porque..." (Curso de Agronomia). Isto demonstra que alguns alunos desejariam que às boas qualidades citadas sobre o professor se somasse um posicionamento político claro. Mas esta ainda não é uma ideia formada na expectativa discente.

Um último aspecto a considerar na fala dos respondentes é o valor que eles dão ao prazer de aprender, algo que se poderia traduzir como um clima positivo na sala de aula. O "senso de humor do professor", o "gosto de ensinar", "o tornar a aula agradável, interessante" são aspectos que eles apontam como fundamentais.

Observo que há toda uma contextualização na projeção que os alunos fazem. Penso não ser surpreendente o fato de que a dimensão política do comportamento do professor quase não apareça. É preciso levar em conta que o discurso pedagógico das últimas décadas esteve muito ligado à neutralidade da ciência e à tentativa de banir o político da instituição escolar. Só nos últimos anos é que tem havido um desvelamento do político no pedagógico. Mas os dados mostram que esta é uma realidade ainda de pequenos grupos ou privilégio da literatura educacional contemporânea. A prática, na maior parte dos casos, ainda não absorveu a ideia do compromisso político. Os próprios professores trazem uma trajetória marcada por uma prática que lhes disse para não ter posições definidas e atitudes corajosas politicamente, pois esta era uma atitude mais recomendável.

De qualquer forma, é importante salientar que os vinte e um professores escolhidos representam um "padrão ideal" na percepção dos alunos de hoje, historicamente situados. Estudar suas histórias, suas características, seus comportamentos é de suma importância para a construção da ciência pedagógica. Mas em nenhum momento podem ser considerados como modelo acabado do desempenho docente. A análise do processo é aqui muito mais importante que o produto.

Os alunos respondentes possuíam características próprias. Nem por isso percebi diferenças significativas nas suas respostas. Em alguns cursos universitários, em especial aqueles que exigem nos seus currículos uma atividade de culminância dos alunos (estágios, projetos finais, monografias etc.), notei que há influência muito forte dos professores encarregados da orientação deste tipo de trabalho. Se isto é verdade, confirma o peso da relação professor-aluno que, nestes casos, é muito mais próxima e pessoal.

Por outro lado, mesmo em cursos profissionalizantes aconteceu o fato de que os alunos fizeram a escolha de professores de disciplinas de Educação Geral. Não foi esta uma situação muitas vezes repetida. Mas foi, sem dúvida, possível. Na investigação feita no Curso Técnico de Contabilidade (noturno, alunos trabalhadores etc. o professor que mais foi indicado lecionava Física. O mesmo aconteceu na Habilitação de Magistério.

Posso então afirmar, a partir da minha amostra, que, se por um lado há influência mais intensa dos professores da parte profissionalizante do currículo, esta não é regra geral.

Na descrição dos dados sobre os professores veremos também que não aparecem indicadores que permitam generalizar conceituações. BONS PROFESSORES podem ser cronologicamente mais jovens ou mais velhos, com maior ou menor experiência didática.

O que importa é perceber como os alunos delinearam a ideia do BOM PROFESSOR e as forças sociais que estão presentes neste processo. É o ponto de partida para o delineamento desta pesquisa.

PARTE III

QUEM É O BOM PROFESSOR

"O passado é lição para se meditar; não para reproduzir."
Mário de Andrade

Como já foi explicitado, os vinte e um professores, alvo deste estudo, fazem seu ensino em 2º e 3º graus na cidade de Pelotas-RS. Os treze que atuam no ensino superior o fazem na Universidade Federal de Pelotas (UFPEL) nos cursos de Pedagogia, Educação Física, Agronomia, Arquitetura, Direito, Medicina, Veterinária e ainda na Área Básica do Instituto de Física e Matemática.

Os professores de 2º grau lecionam no Instituto de Educação "Assis Brasil", no Colégio Municipal Pelotense, na Escola Técnica Federal de Pelotas e no Colégio Estadual João XXIII.

Durante o desenvolvimento da investigação tive oportunidade de conviver no ambiente dessas instituições. Minha observação faz crer que os valores institucionais influem na imagem que os alunos fazem do BOM PROFESSOR. O momento da vida da escola determina, em certo nível, a situação em que se encontram os alunos. Este momento cria necessidades. O professor que responde melhor a essas necessidades acaba sendo o melhor para os alunos.

Como um todo percebe-se que a maior parte dos professores pertence ao sexo masculino (aproximadamente 80%), distribuindo-se entre 26 e 60 anos. A incidência maior (mais ou menos 50%) localiza-se entre 35 e 45 anos.

Dos vinte e um professores só três atuam nas respectivas escolas em tempo parcial. Nove professores universitários têm regime de Dedicação Exclusiva. No que se refere à carreira docente verifica-se desde o professor Auxiliar de Ensino até o professor Titular. A maior parte, porém, está nas classes "Assistente" e "Adjunto". Torna-se difícil classificar quanto a este aspecto o professor de 2º grau, dada a diversificação da carreira nos diversos sistemas de ensino. Todos, porém, são efetivos nos respectivos sistemas de ensino (federal, estadual ou municipal).

O tempo de serviço no magistério também é variável. Professores com três anos de exercício surgem ao lado de professores com até trinta e um anos de atividade docente. As faixas intermediárias de seis a dez e dezesseis a vinte anos são preponderantes.

Dos vinte e um professores, doze possuem cursos de pós-graduação, sendo oito em nível de especialização, dois com mestrado e um pós-doutorado. Os demais possuem apenas curso de graduação.

Nove professores confirmaram ter formação pedagógica em nível de graduação. Três fizeram estudos na área em cursos de pós-graduação e outros três ainda o fizeram em cursos de extensão. Seis professores, justamente entre aqueles que atuam no curso superior, não possuem qualquer tipo de formação pedagógica institucional.

Perguntados sobre a sua vinculação às associações de classe, dezessete confirmaram sua participação em entidades ligadas ao magistério. Seis possuem ligação com associação profissional de sua área específica. Raramente, porém, essa participação se dá de forma intensa, só acontecendo em momentos especiais de chamamento.

Todos os professores universitários possuem assinaturas de revistas especializadas. O mesmo não acontece com os de 2º grau. Aproximadamente 50% dos sujeitos já produziram trabalhos científicos e os divulgaram em congressos ou periódicos especializados.

Já com relação à pesquisa, somente cinco dos treze professores universitários estão envolvidos na tarefa. Dentre os professores de nível médio, encontrei apenas um realizando pesquisa, ainda que de forma pouco sistemática. Este dado me parece típico de uma universidade com características como a nossa. Mas é significativo pensar sobre esta realidade. Mesmo entre os BONS PROFESSORES há pouca produção de conhecimentos de forma organizada.

Um quadro diferente foi observado com relação à extensão. Onze professores universitários afirmaram desenvolver funções extensionistas e dois professores de 2º grau também fizeram a mesma afirmação. Contudo, as formas de extensão variam bastante, não havendo um critério básico para defini-la. É difícil dimensionar até que ponto esta prática está articulada com o ensino.

Muitos dos professores entrevistados exercem ou já exerceram atividades de administração, especialmente os de 3º grau. Entre estas as mais citadas foram direção de unidade, chefia de departamento e coordenação de curso. Por fim, vale notar que os nossos professores têm participação limitada em congressos, seminários, conferências etc. Aparecem participações mais frequentes entre os docentes do ensino superior. Assim mesmo, os professores verbalizam suas dificuldades em estar presentes a tais eventos. O principal entrave apontado refere-se à questão financeira, aos poucos recursos que as escolas e a universidade dispõem para incentivar a iniciativa dos interessados.

A HISTÓRIA DE VIDA

Nossos interlocutores, como é natural, possuem experiências de vida própria e diferenciada. Todos referiram-se à família como um ponto importante para sua formação. A verbalização que fazem das influências recebidas não permite, porém, fazer generalização. O dado que se repete com maior frequência é daqueles professores que reconhecem ter sido influenciados profissionalmente pela família. Em geral, mais pelo ambiente propício do que por uma clara intervenção.

Todos referiram-se a "valores" quando perguntados sobre as principais aprendizagens familiares e localizaram no exemplo e no cotidiano das relações a forma desta aprendizagem. Dedicação ao trabalho, honestidade, coragem no enfrentamento da vida, responsabilidade, organização, disciplina, alegria de viver foram os principais aspectos de influência familiar sobre os nossos entrevistados.

Condições econômicas da família também foi um assunto abordado. Alguns provêm de grupos mais estáveis economicamente e outros contaram com mais dificuldade. Dos professores estudados, apenas um precisou trabalhar ao concluir o curso primário e foi quase um autodidata na sua formação profissional. Um número maior de professores destacou, nos seus relatos, que a sua experiência de trabalho se iniciou logo após o término do curso colegial. É interessante notar, porém, que, apesar das diferentes condições socioeconômicas das famílias, todos os nossos interlocutores apontaram a valorização do estudo como algo comum.

Alguns dos nossos entrevistados referiram-se a influências do grupo familiar mais amplo do que especialmente aos pais. Neste sentido, apareceram referências a irmãos mais velhos, a avós e a tios. Sempre que esta alusão acontecia, era ela acompanhada de explicações de situações de vida que favoreceram o contato familiar mais amplo.

Nossos respondentes foram, porém, unânimes em reconhecer influências no seu comportamento da experiência familiar.

O encaminhamento profissional parece principalmente um aspecto muito relacionado à trajetória de vida.

Algumas decisões partiram claramente do ambiente familiar. Eis algumas falas dos professores:

> Me criei em fazenda. Meu pai era agrônomo. Sempre gostei de animais e achava que deveria unir o estudo ao trabalho. Pensei em cursar Agronomia. Um mês antes do vestibular tive um problema com uma égua doente e decidi fazer Veterinária...

> Somos uma família numerosa, tipicamente italiana, onde há ainda grande intervenção dos parentes. Já havia cinco médicos. A convivência com eles me estimulou a cursar Medicina...

> Sempre fui ligado ao mundo da matemática e das artes. Talvez tivesse influência de meus pais e meu avô. Meu pai é agrônomo e minha mãe, professora de cerâmica. Eu brincava com estas coisas. Meu avô foi marceneiro. Lá comecei a pregar os primeiros pregos e acabei na Arquitetura.

Observa-se, porém, que algumas decisões quanto à profissão são frutos da experiência pessoal, meio ao acaso. Há fatos que são determinantes na vida das pessoas. Vê-se pelos exemplos abaixo:

> Quando estava no 2º ano científico, entusiasmei-me para fazer Medicina. A morte de um irmão mais velho, que muito acompanhei, contribuiu para isto...

> Estou dando aula de Matemática porque não pude ser professora de Educação Física. Não havia, na época, curso em Pelotas. E vejo hoje que isto poderia ter sido muito bom...
>
> Terminei o ginásio e precisava trabalhar para ajudar em casa. Vi no Diário Popular um anúncio de emprego de estafeta. Me apresentei. Era no escritório de um advogado. A ida para o Direito foi uma decorrência natural...

Entre os nossos participantes há também verbalizações sobre o fato de que muito cedo tiveram a certeza da profissão que gostariam de abraçar. E parece que acertaram. Outros, porém, afirmaram que ingressaram nos seus cursos mais com expectativas do que com certezas sobre se aquele era o caminho mais certo.

> Pensei em fazer Arquitetura. Era época em que se faziam três opções no vestibular e em 2º lugar botei Educação Física. Passei só na segunda opção. Fiz a matrícula sob pressão da família. Acabei gostando e estou no ramo até hoje. Por incrível que pareça, gosto muito do que faço.

A questão da vocação é um assunto complexo.

Quase não há dados suficientes que permitam generalizações. Parece, todavia, que há mais influência do ambiente social e das relações do que dos "pendores naturais". Podem estes pesar, mas são os primeiros que mais aparecem no depoimento dos professores.

Com relação ao encaminhamento para o magistério, sete dos nossos interlocutores fizeram curso superior de licenciatura como opção primeira de profissionalização. Para esses, certamente, havia uma clara intenção de ser professor. Um outro afirmou que acabou na licenciatura porque não foi classificado no vestibular para o curso que almejava.

Vale notar, porém, que 60% dos sujeitos se encaminharam para o magistério por razões circunstanciais, as mais diversas. Necessidade de emprego, exercício de monitoria e possibilidade de cursar mestrado foram razões apontadas. Uma professora apontou razões de opção política, dizendo:

> Quando me formei era o tempo do milagre brasileiro e havia muito emprego. Nós tínhamos, porém, a percepção de que o arquiteto como profissional liberal acabava atendendo madame. Não era isto que a gente queria. Pensamos que na universidade haveria mais espaço para um trabalho voltado para a área social...

Apesar de, para muitos, não ser o encaminhamento profissional primeiro, houve depoimentos que manifestaram uma certa ligação com a docência. Especialmente de admiração ao trabalho do professor. Este é um sentimento mais ou menos comum entre os nossos respondentes. Todos se manifestaram no sentido de valorização da profissão que exercem, apesar de verbalizarem sua inconformidade em não serem reconhecidos dentro da política educacional.

Os professores que se encaminharam ao magistério como primeira opção localizam este despertar vocacional ou nas experiências familiares (que por sua vez revelam estereótipos sociais) ou nas suas experiências como aluno de 1º e 2º graus.

Eis alguns depoimentos:

> ... na minha casa se vivia um clima de escola e magistério porque minha mãe e minhas tias eram professoras. Era quase o encaminhamento natural das filhas mulheres. Naquela época parecia, também, que os professores eram diferentes, de mais gabarito e "*status*". Isto habituava a gente a um determinado padrão de exigência...

> Fiz ginásio e normal sempre gostando de Matemática. Desde aquela época tive certeza de que gostaria de ser professora de Matemática. Acho que isto teve a ver com a minha resistência em memorizar. História e Geografia sempre foram pesados para mim...

Pelo que já descrevi é fácil comprovar o que já havia antes afirmado: a história de cada professor é própria e única, não havendo dados que permitam generalização, a não ser de que a experiência de vida é fundamental no encaminhamento das pessoas.

Os professores escolhidos variam em idade e, consequentemente, em experiência. Há os mais jovens que localizam neste fator a sua facilidade em construir "um mundo comum" com seus alunos, referindo-se ao fato de falarem a mesma linguagem, viverem os mesmos desafios etc.

Há os mais experientes que recolhem da trajetória vivida os ensinamentos que influem no seu comportamento. No grupo há professores que viveram experiências de expurgo político, de preterimento a cargos em função de sua coragem de denúncia e resistência, autodidatas etc.

Há um elemento comum, porém, entre todos. Independentemente dos caminhos que os levaram ao magistério, todos foram unânimes em afirmar que gostam do que fazem, apreciam especialmente o contato com os alunos e se estimulam com as respostas deles. A interação com a matéria de ensino é também parte fundamental.

> Gosto de ensinar. A primeira coisa que faço é também tentar que eles gostem da matéria que ensino: Direito Processual...

> A matéria de ensino que leciono, entre as que existem no curso de Agronomia, é a que mais gosto. Acho que isto interfere. Poderia até ensinar outra coisa, mas com muito mais esforço...

> A minha relação com a matemática é quase de natureza. Minha filha mais moça diz que encontra isto até em meu escritório. Acho que a matemática influencia a conduta da gente...

Os professores, entretanto, não fazem essas afirmações de forma ingênua. Reconhecem que enfrentam dificuldades e que nem tudo é prazeroso na docência.

> Gosto de dar aulas, mas nem sempre a vida do professor é um mar de rosas; às vezes a gente está muito realizado e às vezes dá vontade de largar tudo. Trabalhar no noturno com aluno que não consegue produzir me desestimula. Isto não é regra geral, mas acontece... (Eletrônica).

> Às vezes enfrento períodos de uma certa preguiça, inércia, cansaço e sinto que dar aulas nessas condições é prejudicial, porque passo isso aos alunos. Os entraves burocráticos me desestimulam. Todavia, são os alunos que levantam o meu ânimo. Eles me ensinam muito... (Eletrônica).

O discurso dos professores, mesmo sendo eles considerados BONS pelos alunos, mostra que em determinado momento todos são afetados negativamente pelas circunstâncias diárias. Nas entrevistas todos apontaram a baixa remuneração como fator de desvalorização do magistério. Mas, como se viu acima, há outras razões que interferem no comportamento do professor, especialmente as ligadas ao contexto social e institucional.

É importante notar também o valor que os nossos interlocutores dão às relações com os alunos, fator principal de motivação. Será que esta é uma causa ou uma consequência de seu êxito?

INFLUÊNCIAS PRINCIPAIS

Uma das questões principais deste estudo refere-se à indagação de fatores influentes na maneira de ser do BOM PROFESSOR. O que contribuiu de forma mais decisiva para a sua competência?

Gostaria de esclarecer que a competência é vista aqui como a ideação de um papel socialmente localizado. Não há intenção de definir um modelo acabado e neutro. Está ela muito vinculada à ideia de um papel social. A propósito, convém lembrar Reller (1985, p. 87) para quem "... a idéia de um papel social não nasce casualmente, nem do nada, mas resulta de numerosos fatores da vida cotidiana, dados já antes da existência dessa função e que continuarão a existir quando ela já se tiver esgotado".

A ideia de competência, portanto, é localizada no tempo e no espaço. Mesmo que não de forma expressa, há uma concepção de professor competente feita pela sociedade e, mais precisamente, pela comunidade escolar. Ela é fruto do jogo de expectativas e das práticas que se aceitam como melhores para a escola do nosso tempo.

Assim, a análise das influências principais recebidas pelo professor precisa ser também contextualizada. Isto significa dizer que ele já nasceu num "mundo feito e desse modo ingressa na história, tem posse do modo de conduta e ação, pois só assim consegue se orientar" (Heller *op. cit.*, p. 88).

Neste contexto é que a análise das principais influências será feita. Os elementos fornecidos pelos interlocutores apontaram quatro categorias de influências: *o professor sujeito da pesquisa enquanto aluno e seus ex-professores, a sua experiência profissional, a sua formação pedagógica e a sua prática social mais ampla.*

Nos seus depoimentos é possível perceber que há uma significativa verbalização sobre influências que receberam ao longo de sua *própria trajetória escolar*, especialmente de ex-professores, tanto em aspectos positivos quanto negativos.

A influência de atitudes positivas de ex-professores é lembrada por 70% dos participantes. Eles afirmam que seus comportamentos como docentes têm relação com a prática pedagógica vivenciada com estes mestres. Apontam como principais justificativas desta influência aspectos relacionados a domínio do conhecimento, organização metodológica da aula e relações democráticas com os alunos. Há ainda exemplos marcantes no sentido de honestidade e amor à profissão.

Alguns respondentes nomearam mais de uma experiência positiva com antigos professores e afirmam que procuram reunir no seu desempenho características desejáveis de cada um deles. A natureza da recordação é variável e a intervenção na prática também.

Seus depoimentos dizem:

> Dois de meus professores na Medicina me influenciaram muito – ambos de Neurologia. O interessante é que os dois são completamente diferentes. Um é aquele professor seguro, mas tradicional, distante. O outro, mais jovem, chegava-se muito a nós. Para ele parecia que o aluno era o mais importante. Tentei pegar o que de bom havia nos dois para construir o meu desempenho...

> Lembro especialmente de uma que ensinou a gente a ter um nível alto de exigência para com a gente mesmo. Quando tenho de tomar decisões em aula, fico a imaginar o que ela faria, e me percebo usando os mesmos artifícios que esta professora usava...

> Os professores que me marcaram foram aqueles que interferiram na minha forma de ver o mundo, nas relações. Isto foi fundamental para mim...

Um terço dos nossos interlocutores referiram-se aos professores que os marcaram negativamente. A lição que levam para a prática pedagógica é a de não repetir com seus alunos aquilo que rejeitavam nos seus mestres.

> Na faculdade via professores dando uma de artistas, falando uma linguagem que ninguém entendia. Era um palco de exibições. Procuro fazer o contrário...

> Meu comportamento docente é muito afetado pela minha história como aluno. Acho até que a maior influência, paradoxalmente, é do antiprofessor. Procuro não repetir o que eles faziam e pensar muito no professor que eu gostaria de ter tido...

Depoimentos como esses foram frequentes, ainda que variando o foco da análise. O que é importante, porém, é a constatação de que os atuais professores são bastante influenciados no seu comportamento pelos antigos e, certamente, poderão influenciar os que virão. Esta é uma vertente que precisa ser considerada quando se pensar na formação de professores. Também vale ressaltar o quanto se aprende pela prática do cotidiano, pela convivência, e o quanto o professor precisa estar consciente disso. De alguma forma, vê-se uma certa reprodução no comportamento docente. E, se isto tem aspectos positivos, também há o risco da repetição de práticas sem uma reflexão sobre elas.

Alguns dos sujeitos referiram-se à *influência de colegas professores*. Apontaram a observação de aulas e as discussões em grupo como elemento importante para sua prática docente.

Há um peso significativo de respostas que colocam na *experiência* a grande fonte de aprendizagem. Afirmaram eles que é fazendo a docência e refletindo sobre este fazer que realmente se aprende a ser professor. Apontam a intervenção do aluno na avaliação do processo didático como importante.

Com a prática docente descobri muitas coisas. A experiência de fazer os alunos avaliarem a aula tem me dado elementos muito ricos. Há 20 anos, a minha prática era muito estruturada, eu era muito certinha...

A influência da formação pedagógica também se apresentou de forma diversificada. Seis professores jamais realizaram cursos sistemáticos na área de educação. Dos demais, nove afirmaram ter feito aprendizagens significativas nos seus cursos e seis verbalizam um certo ceticismo quanto à sistematização de estudos de formação pedagógica. Parece que nem sempre se pode entender formação pedagógica de forma unitária. O momento que o professor está vivendo e a proposta do curso realizado são variáveis fundamentais para que a experiência se apresente como significativa ou não.

Aqueles que valorizaram este tipo de influência com mais vigor referiram-se à capacidade de crescer como sujeito do ato pedagógico.

A formação pedagógica me ensinou a refletir, a examinar as causas, a não ser precipitado. Com ela me tornei um bom ouvinte, aprendi a trabalhar em grupo e a não ser o dono da verdade...
Uma coisa que influenciou o meu comportamento foi o curso de especialização que fiz na Faculdade de Educação. Aprendi muitas coisas, em especial uma nova forma de tratar os alunos. O curso me fez mais paciente, capaz de aceitar outros posicionamentos...

Há um caso de um professor que valorizou muito a formação pedagógica que fez sozinho, através de leituras. Conta ele:

O diretor da escola particular onde comecei a trabalhar era uma pessoa muito lúcida. E eu percebi na convivência com ele que, para ser professor, não bastava que eu soubesse Matemática. Aí comecei a comprar todos os livros de educação que podia: Anísio Teixeira, Lourenço Filho, Irene Mello de Carvalho e outros... Foram eles os meus mestres...

Há depoimentos ainda que questionam e outros que reforçam o valor da formação pedagógica.

Não tenho formação pedagógica formal. Acho que meus problemas e anseios não seriam solucionados por ela. Vejo a formação pedagógica como um receituário tipo "como fazer para"... Penso que este não é o meu problema como professor...

Meus cursos de formação acadêmica, incluindo a área pedagógica, interferiram muito pouco na minha formação. Quanto mais avançados, piores. Pelo menos na parte de responsabilidade e competência da escola pública. Entretanto, fiz um curso de especialização em Metodologia do Ensino, na UFRGS, que foi muito bom...

Aprendi bastante nos cursos pedagógicos. Afinal, a gente não nasce professor. Pode-se ter tendência, vontade... Mas há um conhecimento que é próprio. Aprendi a estruturar uma aula, a reconhecer que há início, meio e fim, a distribuir o conteúdo no tempo etc.

Para mim o estudo das disciplinas pedagógicas é fundamental e influencia o meu desempenho docente. Na graduação ainda foi pouco porque a gente ainda não se dá conta de muitas coisas. Mas no mestrado pude aprofundar os estudos já com alguma experiência...

Não é possível afirmar, pois, que a formação pedagógica, na visão dos nossos respondentes, seja desnecessária. Os cursos que fizeram é que, em muitos casos, não responderam às necessidades sentidas. Ou a imagem que se passa sobre ela é, em alguns casos, restrita e tecnicista.

Poucos professores localizaram influências no seu comportamento docente a partir da sua *prática social* mais ampla (participação em associação de classe, partidos políticos, movimentos sindicais, religiosos etc.). Até porque, conforme já foi visto na descrição da amostra, é pequeno o envolvimento social dos respondentes. Cinco, entretanto, o fizeram com bastante destaque. Pensam eles que sua prática de sala é permeada pela sua prática de cidadania e que é quase impossível distinguir o limite entre as duas. Atribuem ao seu comportamento influências de sua trajetória social.

Minha prática social, de forma consciente, é recente. Foi o movimento de politização da educação brasileira que me fez ordenar as ideias. Hoje não consigo separar a prática social da prática pedagógica...

Minha prática social me marcou muito, principalmente a política estudantil. Foi uma espécie de escola para mim...

Minha prática política também influiu. A gente evolui na forma de pensar a universidade como um todo. Esta perspectiva de construir "o como deve ser" define muito os comportamentos que tenho...

É claro que todos os professores têm um comportamento político, mesmo que este não seja consciente. Mas poucos agem de forma intencional, procurando espaços de transformação da sociedade. Para estes, a influência destas vivências parece ser mais forte porque é fruto de reflexão e de opção.

Por fim, alguns de nossos respondentes localizaram outras fontes de influência. A convivência com pesquisadores, juristas, profissionais de destacada competência no campo específico parece influenciar o desempenho docente. Os professores tendem a repetir práticas de pessoas que admiram.

VISÃO SOCIAL

Os professores estudados usaram critérios diferentes para analisar as questões da realidade educacional brasileira. Alguns abordaram aspectos sociais, políticos, conjunturais; outros limitaram-se àqueles estruturais, numa visão mais ingênua desta realidade.

A maior parte dos professores deixa clara a sua percepção da relação escola-sociedade. O que difere, entretanto, é a maneira segundo a qual delineiam esta relação e a representação que fazem de seu papel na intervenção das condições ora vigentes.

Para todos os entrevistados a escola, como instituição, é um valor social. Tanto é que reconhecem que a não valorização social da educação ou é um descaso do governo para com a população ou é uma estratégia de manutenção das desigualdades.

> Não teremos uma sociedade melhor se não conseguimos transformar a escola. A escola, e especialmente a escola pública, é importante na tarefa de conscientização, para que os indivíduos não sejam manipulados e percebam as contradições sociais...

> A educação é fundamental. Basta ver que há toda uma política de ensino para impedir o desenvolvimento do pensamento do povo.

> Educação não é prioridade, porque quando o povo é instruído é menos fácil de manobrar...
>
> O Brasil não tem priorizado a educação, não há política clara, especialmente no segundo grau. Acredito ser isto importante, além de garantir o ensino público e gratuito em todos os graus. A escola é muito importante para a sociedade, mas ela padroniza comportamentos, o que pode ser um bem ou um mal...

Outro de nossos interlocutores aponta que a escola está parada no tempo, continuando a funcionar sem perceber as mudanças sociais e tecnológicas do mundo à sua volta. Localizam muitos dos problemas no professor, em especial o descompromisso. Conseguem perceber que o descaso com a educação, da parte do governo, influi no comportamento docente.

> A escola tem uma função social, mas não sei até que ponto os professores estão comprometidos com ela; a situação é muito grave, cada um quer vender o seu peixe e não se liga em outras coisas...

Neste sentido, há de parte dos respondentes destaque para a desvalorização do magistério como parte de uma política educacional descomprometida. Alguns ressaltam que o magistério deveria atrair os melhores e não o contrário. A remuneração baixa é apontada como maior desestímulo e entrave para a constituição de um professorado competente e entusiasta.

Os professores universitários referiram-se enfaticamente à crise que enfrenta o ensino superior hoje. Ela se constitui no principal referencial para a análise da situação educacional brasileira por parte de alguns deles. Esta crise é representada basicamente pela falta de recursos.

> A situação educacional no Brasil está péssima. Não temos estímulo para pesquisa, as bibliotecas são frágeis, não se pode assinar periódicos etc. No nosso caso, na faculdade de Agronomia, as condições de aulas práticas são precárias. Todos os problemas acabam

refletindo a questão econômica, que é o resultado de uma política de educação...

A educação é prioridade só no discurso. Tive agora de cancelar a assinatura do Diário Oficial por não ter dinheiro. Este é um material fundamental para uma faculdade de Direito...

Os professores parecem encadear ideias que vão da vontade política do governo para a deficiência dos sistemas de ensino e, consequentemente, chegam ao comportamento docente e ao desempenho do aluno.

Neste aspecto, há como que uma voz comum entre os professores, no sentido de que os alunos não sabem pensar, não foram preparados para o desenvolvimento do espírito crítico e científico. A própria estrutura universitária que atomiza o ensino é vista como um entrave à iniciativa do aluno.

Fica meio ao acaso furar o cerco desta situação mais estribada nas experiências e na vontade de cada um.

A consequência deste quadro caótico é abordada por enfoques diferentes. Alguns respondentes dizem:

Na parte de ensino acho que o grande mal é a separação entre a teoria e a prática. Na universidade se ensina, mas pouco se faz. Isto é complicado e nem sempre traz uma aprendizagem efetiva...

A escola deixa muito a desejar porque é prescritiva e simplista. O ensino é repetitivo e conservador. Isto afasta o interesse do aluno. É preciso repensar. Os modelos prontos não nos servem. A prática está demonstrando isto.

Para os alunos trabalhadores, a escola oferece muito pouco. Não compensa em nada a situação dos alunos, pois também é pobre e com poucos recursos. Para o aluno mais deficiente corresponde a escola mais fraca...

Vê-se pelo depoimento dos participantes que a análise que eles fazem da realidade educacional brasileira não é positiva. Se isto, por um lado, pode significar que, se tivessem melhores condições de trabalho, teriam um melhor desempenho, por outro lado, também pode significar que é dentro dessas condições precárias vigentes que lhes é atribuído o conceito de BONS PROFESSORES.

Não me pareceu estar conversando com professores alienados. O que acontece é que alguns, talvez por sua própria história, não têm bem claros os pressupostos políticos e sociais de sua prática e de seu discurso. Eles constroem um padrão que consideram desejável e desempenham sua função em conformidade a este. Nem sempre exercitam a reflexão sobre o mesmo. É claro que esta realidade é também decorrente da perspectiva histórica e social mais ampla.

Heller diz que "as funções de tipo papel" são condicionadas, antes de mais nada, pelo conjunto da sociedade. Mas, mesmo nos contextos mais manipulados, produz-se constantemente "a recusa do papel" (*op. cit.*, p. 106).

Parece que muitos dos nossos professores têm consciência clara sobre o papel que desejariam desempenhar e exercitam "a recusa do papel" que a sociedade impõe. Outros o fazem, mas sem a consciência clara, fruto de um processo de pensamento e compromisso. Ambos aparecem como respondentes às expectativas dos alunos de hoje. Conclui-se, assim, que os alunos não chegam a perceber nitidamente o nível de conscientização que ocorre por trás do comportamento evidente do professor. Para fechar os depoimentos que fizeram sobre a realidade educacional brasileira, alguns professores apontam caminhos a serem seguidos. Dois deles afirmaram que o importante é recuperar o ensino fundamental; é dar às crianças das classes trabalhadoras uma escola que tenha, pelo menos, a mesma qualidade daquela destinada à burguesia. Outros colocaram a solução nas verbas que devem ser destinadas à educação e ainda à melhoria da formação e das condições de trabalho do professor. Um pequeno número localiza a raiz dos problemas nos aspectos filosóficos e políticos, sendo que um dos respondentes explicita sua percepção de que o caminho é o desvelamento das contradições sociais.

> Vivemos numa sociedade organizada para aparelhar alguns. Ela repete nos rituais a reprodução social. É preciso, pelo menos, desvelar o cotidiano. O ser e o não ser ao mesmo tempo é o que podemos

explorar nas relações pedagógicas. A universidade pode e deve desvendar os movimentos dialéticos da sociedade. Talvez seja aí que ela mais possa contribuir...

Pelos depoimentos que obtive, percebi que um dado interessante é verificar que os professores com maior militância em partidos políticos e nas associações de classe apresentaram maior capacidade de refletir sobre as raízes das questões educacionais. A vivência neste tipo de ambiente torna o professor mais ágil no pensamento e na compreensão da sociedade em que vive. Aqueles que possuem esta prática têm maior facilidade de aprofundar a análise da conjuntura social.

Dos vinte e um professores entrevistados, somente dois têm vínculo partidário e três manifestaram simpatia pelas ideias de determinado partido político. Do restante, há um grupo que acredita ser mais efetivo ainda participar da organização de sua classe docente dentro da sociedade civil, e há, ainda, aqueles que rejeitam claramente a ideia de se envolver politicamente.

A percepção que estes últimos externam expressa uma conotação pejorativa e repulsiva da política. É significativo ver o que eles dizem:

> Esta pergunta vai tomar conotação política e eu não gosto de adentrar por aí. Não tenho inclinação para a política. Sei que o Direito é uma ciência política. Só que é *"nobremente"* (grifo nosso) política...

> ... em casa todos diziam que política era uma coisa podre. Fiquei com esta impressão. Nunca quis me envolver nela...

Para mim foi surpreendente encontrar estas posições. Demonstram a possibilidade ainda existente de separar o pedagógico do político. Parece que a visão positivista que nos ensinou a ver na escola, em seu interior o pedagógico, e fora dela – nas causas, efeitos e resultados da escolaridade – o político, ainda é presente entre nós.

Estes professores são os que expressaram uma visão mais restrita dos problemas educacionais brasileiros. Limitam para si um campo de atuação que não extrapola sua sala de aula, seu laboratório, quando muito o colegiado de seu curso.

É nítida, porém, a influência que a organização de classe tem tido no pensamento pedagógico dos professores envolvidos. Parece que esta tem sido a única instância em que há lugar e espaço para a análise e reflexão da realidade. Ainda assim, três dos nossos BONS PROFESSORES não são filiados a entidades classistas. Entre os demais, há alguns com participação ativa e outros que, apesar de reconhecerem o valor desta atividade, só participam ocasionalmente.

Eis alguns depoimentos:

> Participo da Associação de Docentes da Universidade Federal desta Pelotas (Adufpel). Acho importantíssimo este trabalho, apesar de tão difícil. Parece que estamos muito atrasados na consciência coletiva da classe. Acredito que é a organização da sociedade civil a via de mudança...

> A Adufpel tem sido o veículo do meu amadurecimento político e isto tem sido importante. Lá aprendo por que fazer e por que não fazer as coisas...

> Me considero uma pessoa participante, comprometida e faço questão que todos saibam da minha posição. Atualmente sou presidente da Associação de Professores do Colégio Agrícola...

Entre os professores partidariamente comprometidos há um que diz:

> A minha prática nesta instância contribui para os valores que inspiram minha docência. Escolho meus espaços de atuação, o lado da coisa, em função de uma filosofia de vida. Isto faz parte do todo, do meu eu como professor...

Os depoimentos obtidos parecem encaminhar para a evidência de que os professores que são mais atuantes na vida política, que se expõem, que tomam partido nas lutas sociais, que têm coragem de divergir são mais maduros no processo de percepção da realidade social. Quer na vida partidária, quer no engajamento associativo.

O quadro que descortinei através deste estudo com professores é que o presente momento é de mudança. Nenhum professor deixou de fazer uma análise política da realidade educacional brasileira. Só que alguns não possuem consciência clara disto e até rejeitam esta perspectiva. Há aqueles que, pelo visto, não percebem que o ato pedagógico é um ato político e que, quer queiram quer não, levam isto para sua sala de aula, pois atuam com gente e são veiculadores de ideias e de práticas.

A vivência em política estudantil também foi salientada por alguns professores. Aqueles que passaram por esta experiência salientaram o valor da mesma na sua formação. O exercício da liderança enquanto estudante parece ser positivo na formação do professor. Mesmo não atuando diretamente em grêmios ou diretórios estudantis, muitos reconheceram em si esta capacidade, exercitada em diversas formas de representatividade grupal na fase escolar e/ou acadêmica.

Percebo que nem sempre o professor é consciente de sua não neutralidade. Às vezes até rejeita a ideia de que exerce um ato político no fazer pedagógico. Não há dúvida de que, na verbalização que fazem da sua história e da sua prática, estes aspectos aparecem. O processo de amadurecimento certamente irá lhes mostrar isto um dia.

A PRÁTICA PEDAGÓGICA

A verbalização que fizeram os professores sobre como desenvolvem a sua prática pedagógica constitui um dos materiais mais ricos desta investigação. A prática pedagógica foi aqui delimitada como sendo a descrição do cotidiano do professor na preparação e execução de seu ensino.

Convém lembrar que os dados foram obtidos através de entrevista semiestruturada, o que deu espaço para cada um compor sua resposta de maneira própria. Os elementos constitutivos desta verbalização, portanto, não foram previamente encaminhados. Concluo, assim, que o discurso do professor indique um valor. O fato de ele salientar alguns aspectos e silenciar outros leva a crer que há significados próprios subjacentes às suas palavras.

Como não foram delimitadas categorias prévias para elaboração da análise, realizei um esforço no sentido de agrupar os dados. Minha intenção foi levar em consideração tanto o conteúdo manifesto quanto o conteúdo latente no material.

Desta forma, organizei os dados colhidos nos depoimentos a partir de três referenciais:

- *as relações que o professor estabelece com o "ser" e o "sentir"* (prazer, entusiasmo, exigência, princípios e valores);

- *as relações que estabelece com o "saber"* (matéria de ensino, relação teoria e prática, a linguagem e a produção do conhecimento);
- *as relações que estabelece com o "fazer"* (planejamento, métodos objetivos, motivação do aluno e avaliação).

Esta categorização é feita para tornar viável a análise e interpretação dos dados, além de facilitar o encaminhamento da redação de forma mais didática.

Os limites entre elas nem sempre são explícitos, porque o discurso do professor é um todo. Com isto quero dizer que não vejo o comportamento do professor estratificado em partes. A intenção é apenas tornar mais claras as direções teóricas deste estudo.

O primeiro agrupamento trata das *relações que o professor estabelece com o ser e o sentir*. Tentei reunir depoimentos e expressões que indicassem posições referentes a estes aspectos.

É um dado comum entre os professores entrevistados a afirmação de que gostam muito do que fazem e que, certamente, repetiriam esta opção profissional se lhes fosse dado de novo optar. Pelos dados já descritos anteriormente, é difícil generalizar conclusões sobre a origem desta opção. Os fatores de influência apresentam-se variados. Entretanto, parece ser possível inferir que a experiência positiva com a docência realimenta o gosto pelo ensino. *O prazer de estar em sala de aula* foi salientado por todos os professores.

Um dos aspectos que mais contribuíram para este prazer, no dizer dos participantes, *é estar com os alunos*. Expressões como "a relação com os alunos me gratifica muito" ou "a convivência com os alunos renova a gente" são bastante comuns nos discursos. Como se trata de professores conceituados pelos alunos, conclui-se que as relações se dão em cima de uma reciprocidade, confirmando os dados de pesquisas que mostram que o comportamento do professor influencia o comportamento dos alunos e vice-versa.

Instala-se uma empatia entre as partes. Essa empatia, o colocar-se no lugar do outro, leva os professores a reconhecerem que aprendem muito com os alunos, tanto no sentido de fazer crescer o conhecimento que é posto em coletivo quanto no de aprimoramento das relações e da cosmovisão.

Nossos professores, porém, acreditam que a função docente seja própria e bem caracterizada. Dos entrevistados nenhum verbalizou formas de ensino não diretivas. Ao contrário, todos eles se percebem como articuladores do processo de aprendizagem que ocorre nos alunos. Por isso, muitos se dizem exigentes e valorizam esta característica em si.

> ... sou exigente na conduta pessoal, na linguagem, na forma dos trabalhos, no cumprimento dos horários e tarefas. Faço isto porque creio que a ciência não compactua com a falsidade, ela exige rigor. E os alunos precisam compreender isto para serem bons professores...

> Sou exigente, até chata. Por exemplo, exijo caderno em dia. Isto não é uma prática comum para alunos concluintes do 2º grau. Mas se é por ali que eles estudam, é minha obrigação zelar pela correção da informação...

Este valor encontrado num bom número de professores indica que boas relações não têm muito a ver com o comportamento paternalista nem com um ambiente de "*laissez-faire*".

Alguns deles, ao discorrer sobre sua prática pedagógica, caracterizam atitudes necessárias ao professor. Um deles percebe a aprendizagem dos alunos como um problema seu, por isso é ele, professor, capaz de realizar todos os esforços para que os alunos aprendam. Outro verbalizou que exercita o pensamento positivo antes de entrar em aula, procurando que tudo vá sair da melhor forma. Há posições que indicam uma postura intelectual como por exemplo esta:

> O professor tem de se expor, tem de mostrar seu teto. O seu saber tem de estar à disposição dos alunos. Mostro trabalhos meus e dou opinião sobre o dos outros. Procuro sempre referenciar meus critérios de análise. Conto como aprendi e onde aprendi...

Pude inferir também das manifestações dos professores que muitos deles expressam a necessidade de ação do aluno na sala de aula. Reconhecem neste princípio um dos fatores principais da aprendizagem.

"O espaço da sala de aula é dos alunos e deve ser ocupado por eles", diz uma professora. Outro dos nossos interlocutores afirma que a "aprendizagem se faz melhor quando o aluno age frente ao conteúdo...". Expressões como estas são comuns entre eles. Talvez este seja o princípio de aprendizagem mais claro para o grupo que constituiu a amostra.

Alguns professores ressaltaram que possuem alguma dificuldade em fazer os alunos agirem. Segundo eles, a prática escolar é a principal responsável pelo comportamento passivo dos alunos. Procuram recuperar esta prontidão. Um professor diz que, como alternativa, inicia "fazendo junto" com os alunos. Com isto procura recuperar a segurança deles no fazer. É preciso "mostrar que se pode" junto com eles para depois eles se animarem a fazer sozinhos. Outro lembra que a prática escolar, na sua maior parte, tem sido a que valoriza a passividade, a obediência e a memória. Quando nos graus mais avançados de ensino se quer exigir que o aluno pense, o processo é muito mais difícil. Entretanto, os alunos valorizam este esforço. Tanto é que identificam como bom professor o que está tentando este caminho.

A segunda categoria em que tentei agrupar os relatos dos professores sobre a prática pedagógica refere-se às relações que o *professor estabelece com o saber.*

Em princípio é nítida em todos os depoimentos *a relação afetiva que se dá entre o docente e sua matéria de ensino.* Todos foram unânimes em confirmar isto, revelando que o gosto pelo que fazem está intimamente relacionado com o prazer intelectual obtido no adentramento teórico e prático de uma área do conhecimento.

Alguns dos nossos respondentes exercem outras ocupações além do magistério, mas estas sempre estão ligadas diretamente à sua formação profissional. Neste caso há uma certa inter-relação entre a prática profissional cotidiana extramagistério e o ensino que realizam.

Os professores relatam:

> Nunca pensei em ser professor de outra coisa que não de Português. A língua é fundamental porque é também instrumento de aprendizagem e da cultura...
>
> Tenho muito afeto pelo que ensino. A Neurologia me apaixona porque pode fazer as pessoas terem melhores condições de vida...

Relatos como estes foram uma constante. É interessante que o gosto e o estudo fazem a pessoa valorizar seu campo de conhecimento, entusiasmar-se com ele e isto influencia os alunos. Parece que ninguém pode ensinar bem alguma coisa, se não consegue para si uma resposta sobre a finalidade do conhecimento que aprofundou. Tenho certeza de que, se perguntados, os professores justificariam com ardor o papel dos seus cursos na formação do aluno e a contribuição que dariam para uma sociedade melhor.

Considero isto fundamental, pois se nem o professor consegue ver significado no que ensina, que restará para o aluno?

Outra verbalização significativa feita por nossos interlocutores é a que se refere à relação *teoria e prática*. Nota-se uma preocupação grande no sentido de fazê-las parecer duas faces de um mesmo fenômeno. O procedimento mais usual é partir da prática para recorrer à teoria. Os professores compreenderam que tudo que é próximo, que é real para o aluno tem significado maior.

Um professor de Física assim se expressou:

> Antes da conceituação procuro elementos que concretizem a ideia do fenômeno. Uso os próprios alunos, suas experiências de vida e de trabalho. Parto daí...

Outro de Patologia Animal disse o seguinte:

> Acho que a hora da prática é que é propícia para explorar a teoria. Procuro buscar no campo, na realidade rural o conteúdo para os alunos. Não quero ser um repetidor de livros...

Vê-se por estes dois depoimentos que a ideia de prática nem sempre é a mesma. Alguns professores, quando se referem à prática, falam daquilo que é familiar, do cotidiano do aluno, de suas experiências. Outros referem-se ao exercício prático do conhecimento na sala de aula. Esta ideia remete à prática de laboratório, estudo de casos, resolução de problemas vinculados à realidade específica ou social do aluno etc. Ressalta-se, porém, que a preocupação dos professores existe e que, de maneira ampla, poderíamos dizer que a prática significa um saber objetivo que resulta em ação.

Um outro aspecto também relevante é a relação teoria-prática através da própria prática do professor. Um bom número dos nossos respondentes salientou o quanto vale para ele o exercício profissional em outras instâncias (Advocacia, Medicina, Arquitetura) ou as atividades de extensão como profissionais em Agronomia, Veterinária, Eletrificação Rural etc.

Afirmam os professores:

> O conteúdo que trabalho vem exatamente do meu exercício lá fora como arquiteto. A vida profissional é minha grande fonte.

> Minha prática como advogado ajuda muito. Ensino Processo Civil, que é o direito em movimento. Por isto é importante vivenciá-lo na prática...

> Uma das frustrações que tenho refere-se à união da teoria e da prática. Não gosto de me sentir falando sobre as coisas. Estou envolvida agora, em extensão, no Projeto Escolinha, para tentar exercer a minha prática. Poderei, então, discuti-la na minha docência com os alunos de Pedagogia...

A manifestação dos professores revela uma preocupação com a relação entre o dizer e o fazer. Eles estão atentos para que o seu discurso não seja repetitivo e livresco e que sua prática docente seja coerente com uma postura menos tradicional.

Muito ligada a este aspecto aparece outra dimensão da categoria *"relação do professor com o saber"*. É a percepção de como se dá a *produção do conhecimento na sala de aula*. A descrição que professores fizeram de sua prática pedagógica demonstra o encaminhamento para que o aluno aja intelectualmente frente ao conteúdo.

A produção do conhecimento é entendida aqui como a atividade do professor que leva à ação, à reflexão crítica, à curiosidade, ao questionamento exigente, à inquietação e à incerteza. É o oposto da transmissão do conhecimento pronto, acabado. É a perspectiva de que ele possa ser criado e recriado pelos estudantes e pelos professores na sala de aula.

Todos os nossos interlocutores rejeitam a visão mecanicista da aprendizagem e verbalizam, de forma diferenciada, este valor. Alguns colocam ênfase no ambiente que estimula a produção intelectual do estudante, incentivando a pergunta e formas de pensamento divergente. Outros apontaram para o esforço em derrubar barreiras emocionais do aluno, para que ele possa produzir intelectualmente sem medo. Observa-se uma tentativa de produzir um conhecimento divergente e formas alternativas de utilizar o conhecimento.

> Tenho preocupação no sentido de desenvolver uma maneira crítica de ver o mundo. Oriento os alunos para realizarem análise de pensamentos diferentes...

> Não me interessa que os alunos saibam decodificar fórmulas. Importa-me que eles saibam onde aplicá-las e porque aquele conhecimento foi produzido...

O que pude constatar, porém, é que a preocupação com a produção do conhecimento é algo desejável, valorizada pelos alunos. Ela acontece na prática dos professores considerados positivamente por eles. As referências feitas pelos alunos foram:

> ... ele faz com que o aluno tome uma posição ativa com relação ao ensino, questionando e não aceitando passivamente tudo com relação aos conhecimentos e com relação à vida... (Veterinária).

> ... ele aborda os assuntos relacionando-os com a nossa experiência prática e incentiva os alunos a pesquisarem os assuntos da aula, sem obrigar o "DECOREBA" das aulas teóricas... (Medicina).

... o melhor professor é aquele que te incentiva a fazer a tua própria pesquisa... (Arquitetura).

... ele permitia que fizéssemos crítica e nos respondia, às vezes, até com ironia. Isto estimulava, pelo menos a mim, a tentar deixá-lo sem resposta. Tenho de reconhecer que foi o melhor professor que eu tive e o que mais me fez quebrar a cabeça... (Colégio Municipal Pelotense).

Entretanto, é importante perceber que a produção de conhecimento não é necessariamente uma prática ligada a uma concepção política de educação. Pelo menos de forma consciente no professor. No nosso cotidiano da sala de aula ela tanto pode expressar uma intenção meramente pedagógica como pode resultar de uma opção madura de perceber a realidade. Parece que tudo depende das oportunidades que cada um teve de descobrir a teia das relações sociais que antecedem o saber.

Por exemplo, na faculdade de Veterinária, numa aula de Inseminação Artificial, o professor diz:

> É importante que vocês fiquem atentos ao fato de que somos um país do Terceiro Mundo. Os catálogos muitas vezes falam em condições de países desenvolvidos (caso do gado em confinamento). Além disso, a faculdade de Veterinária hoje optou por direcionar suas atividades levando em conta o pequeno produtor, através de suas cooperativas. Já houve tempos em que nosso currículo se dirigia aos grandes. Hoje sabemos que são os pequenos que mais precisam e que o Estado deve ser o organizador da assistência veterinária para eles...

Ou no curso de Arquitetura, ao discutir o texto "O Arquiteto e Constituinte", elaborado pelo Instituto dos Arquitetos do Brasil:

> ... é necessário discutir o direito coletivo e o direito individual em relação à propriedade. É preciso que vocês (os alunos) saiam do senso comum e coloquem o saber a serviço do lado que vocês defendem...

Já outro professor, por exemplo, ao analisar a questão de fertilizantes do solo, coloca questões apenas técnicas, sem alusão às questões ecológicas e ambientais, que, no fundo, são as do interesse coletivo.

> ... o adubo X é mais recomendado porque é mais econômico e favorece maior produtividade, enquanto o Y pode não ser tão favorável ao agricultor...

Talvez, se os professores tivessem vivenciado um processo pedagógico mais reflexivo, também pudessem ter maior compreensão de que, como elucida Paulo Freire, "... a sala de aula libertadora é um lugar em que pensamos criticamente sobre as forças que interferem em nosso pensamento crítico" (1986, p. 25).

Por fim, dentro desta categoria que denominamos "relação com o saber", notamos que os nossos respondentes demonstram preocupação com a linguagem utilizada na sala de aula, no sentido de que ela seja um veículo de compreensão e não de ocultamento da mensagem. Os professores reconhecem este valor:

> Vejo que preciso descomplicar o complicado, falar em linguagem simples, ser objetivo...

ou

> O primeiro passo é fazer com que os alunos compreendam o que eu estou dizendo...

Os professores considerados BONS pelos alunos conseguiram compreender que é pela linguagem que o homem assimila, perpetua ou transforma a cultura e que, talvez, seja ela "... o maior instrumento de mediação entre o homem e a sua realidade social" (Freire *op. cit.*, p. 178).

O discurso escolar e o discurso científico têm toda uma terminologia que lhes é própria. Quando os alunos chegam à escola, sua experiência de linguagem é muito mais com o concreto de sua realidade existencial. A questão não é abolir nem renunciar à linguagem acadêmica, mas sim explicitá-la de forma que se aproxime do concreto. "A preocupação em usar a linguagem de forma concreta e em diminuir a distância entre conceito e realidade está implicada no ato do conhecimento" (Freire *op. cit.*, p. 179).

Seria importante aprofundar estudos para conseguir saber que percepção política faz os professores da linguagem. Não me pareceu que eles tivessem caído no simplismo, imaginando que os alunos seriam incapazes de chegar, pouco a pouco, ao domínio da linguagem acadêmica e científica. Mas não pude perceber com segurança as implicações entre ideologia e linguagem. Este aspecto mereceria um estudo específico. A intenção de tornar o seu discurso explícito faz parte de uma concepção ideológica de educação. Mas nem sempre isso é claro para o professor. Sua prática fica no nível do intuitivo. O necessário, e este é o esforço desta investigação, é explicitar o comportamento cotidiano, mesmo que seja intuitivo, e fazer uma reflexão sobre ele.

O depoimento dos professores sobre a sua prática pedagógica engloba também *aspectos que dizem respeito ao fazer.* Entendemos, nesta categoria, comportamentos referentes ao planejamento, desenvolvimento e avaliação do ensino.

Mais da metade dos professores ouvidos referiu-se, ao descrever sua prática pedagógica, *ao planejamento.* Alguns afirmam que o planejamento é para eles muito necessário e se sentem bastante seguros quando desenvolvem de forma planejada o seu ensino.

> Levo muito tempo planejando, mesmo quase às vésperas de me aposentar. Estou sempre ligada às minhas aulas. Tudo que vejo imagino se pode ser um material significativo para trabalhar com os alunos...

A ideia de planejamento varia em cada professor e a forma como o elaboram e de como dele se utilizam também. Alguns professores reduzem o planejamento a anotações que fazem previamente às aulas. É claro que há um arcabouço do curso ou da disciplina já apreendido por eles, mas que nem sempre é consciente. A prática com determinada disciplina ou o adentramento no papel daquele conteúdo no currículo do curso já definiu os constructos da sua forma de pensar.

Eis suas palavras:

> Sei que tenho de dar aula na segunda-feira. Penso um pouco no que vou desenvolver e faço algumas anotações que, na maior parte das vezes, nem levo para a aula...

Como este professor, muitos outros, ao se referirem ao planejamento, visualizam a aula. Este dado parece refletir a perspectiva individualista da ação docente nos diversos graus de ensino e cursos. Percebe-se também que, em muitos casos, os planos de curso têm pouco significado, não sendo mais do que documentos burocratizados. Isto não quer dizer que os professores não planejam. Significa que eles resistem a escrever planos.

Não me parece haver relação direta entre o êxito do professor e um plano de curso explicitado corretamente. Contudo, não se pode dizer com isto que os professores não planejam. Só que a sua ideia de planejamento fá-los afirmar:

> Nem sempre preparo aulas. A convivência diária com a Neurologia é que me dá subsídios. Julgo importante, porém, revisar constantemente o trabalho e atualizar as informações...

Apesar de não ter o planejamento, ou melhor, o plano como valor universal, os BONS PROFESSORES dão muita importância ao estudo e à constante ação de revisão de seu fazer na sala de aula. Muitos afirmaram que estudam cada vez que se preparam para as aulas; outros procuram antever o que pode ocorrer na sala, com o intuito de organizar o ambiente e as situações que melhor respondam às expectativas dos alunos.

Ao descrever como acontece o seu cotidiano pedagógico, os professores também explicitam a sua *metodologia,* aquilo em que acreditam, que praticam e que observam.

A diversidade de situações dificulta a generalização, mas enriquece os relatos.

Alguns professores mencionaram que a natureza da disciplina condiciona o método, embora haja discordância entre eles mesmos a respeito. É fácil perceber isso pelos depoimentos que se seguem:

Na Matemática a sequência lógica é fundamental, assim como os requisitos. O método fica restrito à demonstração e ao exercício...

O método em Matemática apresenta um desafio: em vez de apresentar a coisa pronta é importante apresentar o conteúdo por fazer. O padrão é: enunciado, demonstração e exercício. Eu procuro fazer diferente. Se digo que o resultado de um teorema é 180° e aí vou demonstrar, isto parece tortura intelectual. Pois se já se sabe, por que questionar? É preciso fazer o contrário, construir o conhecimento com o aluno...

As afirmações anteriores levam a crer que, se a natureza do conteúdo tem a ver com a metodologia, isto não é uma verdade inquestionável. A visão que o professor tem da produção do conhecimento é também importante no delineamento do método.

A maior parte dos professores enfatizou que, nos procedimentos didáticos cotidianos, procuram partir do concreto para o abstrato, da prática para a teoria. Trabalhar com o "factual até chegar à tese mais ampla", "partir do conhecimento do aluno", "trabalhar com acontecimentos da realidade", "fazer inicialmente os alunos falarem" são expressões comuns entre os participantes, ao descrever sua forma de trabalho na sala de aula.

Há depoimentos dos professores que enfatizam a necessidade de visualização que os alunos precisam ter para aprenderem melhor. O *slide* é o recurso mais citado como capaz de trazer para a sala de aula a imagem do real. Isto significa dizer que os alunos precisam visualizar o concreto para compreender intelectualmente um fenômeno e poder abstrair depois.

Dois professores ressaltaram a importância da pesquisa no seu delineamento metodológico.

Um deles afirma:

Entendo a aula expositiva só no sentido de passar os conhecimentos que temos acumulado pela pesquisa. Mas é no laboratório que os alunos se engajam na própria pesquisa. O objeto de estudo é oriundo da própria prática, vem da comunidade...

É uma pena que muitos professores encontrem dificuldades estruturais para o uso de uma metodologia mais criativa. Mas, mesmo assim, há incentivo dos professores para que os alunos possam ir adiante, de acordo com seus interesses.

Alguns apontam ainda o esforço no sentido de que a aula seja um espaço coletivo e que as formas de agir do professor e dos alunos levem a isto.

> A experiência de um deve ser repartida com todos, diz um professor que trabalha com Projeto Arquitetônico. Esta é uma forma de fazer a aula mais rica e mais dinâmica...

Temos três professores que atuam em licenciatura e dirigem seus depoimentos ressaltando aspectos que delimitam o objetivo do curso. Os três afirmam preocupar-se com a compreensão que o aluno faz do próprio método, sendo este também objeto de estudo.

> Na metodologia eu apresento o assunto usando as etapas do concreto, semiconcreto e abstrato. Vivo com eles o que terão de viver com os alunos...

Esta prática mostra a preocupação de, enquanto usar a técnica, passar os conhecimentos sobre a técnica, isto é, explicá-la e discuti-la com os futuros professores.

Há professores que se referiram ao uso de apostilas como material básico. Justificam esta prática a partir da dificuldade que os alunos têm para acesso à bibliografia específica. Não consideram este o jeito correto de aprender. Mas a realidade, segundo eles, tem condicionado a qualidade do ensino.

Esta descrição favorece a conclusão de que o método é fruto da concepção pedagógica do professor, limitado pelo contextual, isto é, a realidade do aluno e as condições da escola ou da universidade.

Há depoimentos que dizem respeito aos *objetivos de ensino*. Três professores ressaltaram a importância de que os objetivos sejam claros e coletivos.

> ... falo para os alunos das minhas concepções sobre o ensino, falo do nosso curso e dos problemas que temos. Procuro ouvi-los nas suas expectativas. Digo que a aula é uma situação nossa. Eles são responsáveis comigo pelo que vai acontecer...

Outros professores afirmaram que antes de estabelecer os objetivos procuram saber quem são seus alunos, sua história e suas perspectivas e ainda delimitar o papel que a disciplina tem em função dos objetivos do curso.

Ainda na categoria do fazer, alguns participantes aludiram a questões de *avaliação*. A maior parte dos depoimentos foi para esclarecer que procuram avaliar os alunos coerentemente com a proposta de ensino. Como muitos professores deram ênfase à aprendizagem como produção do conhecimento, há preocupação em apontar instrumentos de avaliação que respondam a este objetivo, tais como autoavaliação, prova com consulta, estudo de casos etc.

> Ao abordar técnicas de ensino procuro previamente realizar experiências com os alunos, tentando sistematizar o conhecimento a partir delas. Peço aos alunos que já são professores que experimentem a técnica e tragam aos outros suas impressões... (Pedagogia).

> Fiz uma experiência, junto com outros colegas, de avaliar usando provas com consulta. Pareceu-me positivo. Estimula os alunos ao estudo e desenvolve habilidades de pensamento mais elevadas... (Medicina).

Por fim, é significativo observar que diversos professores afirmaram que toda a sua prática pedagógica só tem sentido a partir da motivação dos alunos. Um deles relacionou a motivação do aluno ao professor, ressaltando o quanto é influente o comportamento docente neste sentido. O senso de humor, a preocupação de que a aula não seja maçante foram fatores apontados. Alguns referiram-se à contextualização do conhecimento como forma de motivação.

A melhor forma de preparar os alunos para aprenderem é relacionar o conteúdo com sua futura vida profissional...

Para motivar os alunos conto a eles onde e por que nasceu tal conhecimento...

... partir das inquietações dos alunos é a maior garantia para sua aprendizagem...

É possível perceber valores que suportam o discurso dos professores: aspectos em que acreditam, outros que desprezam e ainda outros com os quais contemporizam. Por eles, é viável também captar que o professor trabalha a favor de alguma coisa ou contra alguma coisa. O que parece evidente é que o professor, em geral, não faz uma análise reflexiva de sua própria prática, não estabelece relações entre o seu fazer e um pressuposto teórico (político-filosófico) que está por trás de seu discurso.

Percebi que a história dos professores geralmente favorece no sentido de que sua prática seja feita de uma forma ingênua. A prática tende a repetir a prática. Mesmo que seja na negação dela mesma. Aqueles professores que conseguem ultrapassar este nível é porque viveram situações que lhes possibilitaram a análise de sua própria experiência. Mas nem todos fazem o mesmo caminho. E algumas vezes é longo o processo para a tomada de consciência. Quando isto for realidade, certamente os professores aprenderão mais da prática pedagógica. Só que a incluirão na prática social na qual estão inseridos.

DIFICULDADES ENFRENTADAS

Analisar o que os professores apontam como dificuldade é importante para localizar as suas percepções sobre as relações escola-sociedade. Novamente quero relembrar que, também neste ponto, não houve direcionamento para as respostas. Foi solto de amarras o discurso do professor.

Os três pontos principais enunciados pelos professores estão intimamente relacionados a questões mais amplas da educação. São eles: desvalorização do magistério, estrutura do ensino e condições de trabalho.

O primeiro é insistentemente relacionado com a *questão salarial* e é com certa mágoa que os professores reconhecem a sua desvalorização profissional, especialmente por parte dos órgãos governamentais. Muitos fizeram verbalizações que encaminhavam ao raciocínio de que não há condições para um exercício pleno da docência se o professor precisa assoberbar-se de trabalho para garantir sua sobrevivência.

A segunda diz respeito ao modelo de universidade e de escolas de 2º grau que a legislação contemporânea determina. Os professores localizam neste ponto uma série de dificuldades que envolvem na universidade a divisão departamental, a dicotomia entre ciclo básico e profissionalizante, currículos estratificados, colegiados esvaziados de poder etc. Já no 2º grau há referência à questão de falta de identidade desse grau de ensino e à questão da profissionalização antecipada.

> ... a educação hoje é um pacote. Os limites estão na legislação, no currículo. Possibilidades de mudança temos poucas. O professor se dá conta de que está sendo usado e não tem recursos para mudar as coisas...

As condições de trabalho foram muito apontadas como fator de dificuldade pelos professores. Elas incluem local adequado para as atividades escolares, material disponível e especialmente bibliotecas. Esta depauperação do sistema educacional acarreta, no dizer dos professores, a impossibilidade de um ensino de melhor qualidade, assim como a pouca possibilidade de atualização dos docentes e a quase inviabilidade da realização de pesquisa e da extensão. Os docentes percebem tudo isto como parte de um modelo político em vigência, em que a educação só é prioridade no discurso eleitoreiro.

Outras dificuldades apontadas referem-se ao imobilismo da própria escola enquanto instituição social. Por exemplo, dois professores acham que a não atualização do ritual escolar frente ao contexto social em que vivemos é bastante grave:

> O mundo ao redor é mais atrativo que a sala de aula. A manifestação da informação e alienação programada contribuem para o não descobrimento de raciocínio crítico. É difícil desvendar os interesses que estão por trás das mensagens dos meios de comunicação. Eles são tecnicamente muito mais eficientes que a escola.

Ligado a este aspecto aparece, no dizer dos professores, um outro que desvela a pouca preocupação que a instituição escolar tem com sua própria competência. A individualidade do professor é reforçada pela estrutura social e acadêmica e a falta da percepção do coletivo torna difícil qualquer delineamento de um projeto pedagógico mais amplo.

Parece que é preciso fracionar para enfraquecer. Cada um se enquista na sua banquinha e nada sabe dos outros.

Os órgãos que deveriam favorecer a integração dos cursos são ineficientes, segundo os respondentes. Um dos nossos interlocutores afirmou que se repete na universidade uma prática autoritária de avaliação, que impede que o processo seja coletivo, isto é, que se faça constantemente uma avaliação dos cursos e dos professores frente aos objetivos da instituição.

Por fim, dificuldades de outras naturezas foram apontadas pelos docentes. Entre elas apareceram aspectos referentes à falta de formação pedagógica, à pouca vivência do aluno no trato da ciência e às dificuldades inerentes ao trabalho com alunos do noturno, que chegam cansados e com um profundo sentimento de derrota. Os professores reconhecem este estado de coisa como um desafio à sua capacidade de reverter a realidade.

Do ponto de vista pedagógico há uma certa incidência no apontamento da avaliação como a principal dificuldade dos respondentes. No dizer deles é complexo definir parâmetros de avaliação localizados no contexto social dos alunos, sem cair numa atitude paternalista.

Minha observação vai no sentido de que os professores são capazes de relacionar as dificuldades com o contexto mais amplo da educação brasileira. O que não é claro é até que ponto eles compreendem que sua ação de aceitação ou resistência faz parte deste quadro.

É preciso compreender o conteúdo das representações que o professor faz sobre a sua prática pedagógica. Só assim será possível intervir nela. Esta compreensão precisa estar situada numa certa realidade da qual o professor sofre e na qual exerce influência.

Vale apostar em que, quando o professor compreende a importância social do seu trabalho, começa a dar uma dimensão transformadora à sua ação e acaba por perceber o político a sustentar o pedagógico.

SOBRE A FORMAÇÃO DO PROFESSOR

O último aspecto do dizer dos BONS PROFESSORES foi sobre como, com base na sua experiência pessoal, agiriam se estivessem envolvidos na tarefa de formar professores.

Todos eles consideraram esta uma questão complicada e hesitaram um pouco para explicitar a resposta. Houve alguns pontos comuns entre eles.

"O gostar de ensinar" foi o aspecto mais apontado junto com o "gostar de gente". Os professores revelam que não sabem se isto se ensina ou faz parte das tendências ou vocação das pessoas. O fato é que consideram estes pontos fundamentais.

O "domínio do conteúdo", a capacidade de interpretá-lo e localizá-lo histórica e socialmente, foi outro aspecto tido como importante ao futuro professor. Alguns referiram-se a que cursos de formação para o magistério precisavam instrumentalizar o professor para a pesquisa, pois esta é a forma de sistematizar o conteúdo, ter cientificidade no trato das coisas, desenvolver o espírito crítico e distinguir a essência da aparência.

O gosto pelo estudo foi também uma constante no discurso dos professores. Para eles, é fundamental "muito estudo para dominar a matéria e a cultura mais ampla".

O domínio do conteúdo é também um valor ressaltado. Para alguns, este domínio está bastante relacionado com a prática profissional fora da escola ou da universidade, pois é ela que define a possibilidade de relacionar a matéria de ensino com a vida prática. Ajuda ainda a dar exemplos e favorece a maior instrumentalização do aluno para trabalhar com a realidade.

Há depoimentos que ressaltam aspectos morais e afetivos como, por exemplo, a honestidade no trato do conhecimento e dos alunos. O respeito à pessoa humana e a capacidade de relacionamento também foram apontados como importantes. Alguns lembraram que é preciso que o futuro professor tenha consciência de seu papel na sociedade e que perceba que o exemplo é a principal forma de ensinar.

Outra área abrangida pela fala dos interlocutores foi referente ao conhecimento pedagógico específico, onde há concordância sobre sua contribuição.

> Ensinar técnicas didáticas não é tudo, mas é preciso ensiná-las. Há um saber que é próprio da função e o docente precisa se apropriar dele.

Todavia, ligam sempre este saber à capacidade de aplicações concretas.

> Saber teorias é importante, mas é preciso saber aplicá-las à nossa realidade e ainda criar coisas novas de acordo com nossos interesses e recursos.

Daí se pode inferir que, quando o professor faz um esforço para explicitar o que seria mais importante na tarefa de formação para o magistério, ele elabora uma representação de seus próprios valores e de sua própria experiência.

Percebo que a ideia que o professor faz da importância da formação para o magistério está muito relacionada com o momento que ele está vivendo. Parece que ele projeta os aspectos que gostaria de aprofundar na sua própria formação como importantes para todos os professores. Portanto, é preciso analisar as propostas que fazem dentro de um contexto. O professor seleciona aspectos que julga relevantes e rejeita outros, em função das suas próprias necessidades, no momento em que projeta sugestões para a formação de professores.

De qualquer forma, vale considerar que os nossos interlocutores representam a ideia de BOM PROFESSOR que é presente hoje, no concreto das relações sociais-pedagógicas. Isto assume uma fundamental importância para aqueles que estão envolvidos com a educação, que estão preocupados em intervir no processo de formação de professores na perspectiva da transformação social. Eles representam a ideia de melhor que é produzida pelos alunos do nosso tempo. Por isso estudá-los é importante.

PARTE IV

O FAZER DO BOM PROFESSOR

"Eles ergueram a torre de Babel para escalar o céu; Mas Deus não estava lá! Estava ali mesmo, entre eles, ajudando a construir a torre!"
Mário Quintana

Para perceber o fazer do BOM PROFESSOR propus-me a assistir às suas aulas. Na maior parte das vezes, cumpri a tarefa de observação antes de realizar a entrevista. Com três professores esta dinâmica não foi possível. Em geral, os professores colocavam à disposição o seu horário e eu escolhia aquele que me favorecia mais. Alguns, especialmente na universidade, têm aulas compartilhadas com outros colegas e tive de aguardar o momento oportuno de vê-los em ação.

Não me pareceu que os professores, em geral, tivessem preocupação especial com a minha presença. Pelo menos, que isso interferisse no seu ritual cotidiano. No entanto, cumpre destacar que dois deles confessaram-se um pouco intranquilos com a observação. Um, inclusive, disse que era a primeira vez que alguém, que não os alunos, acompanhava suas aulas. Procurei tranquilizá-los, fazendo-me notar o menos possível. Um professor do curso de Pedagogia pediu-me que relatasse para as alunas o meu trabalho, alguma coisa do meu estudo. Outros professores me apresentaram aos alunos, usando de senso de humor, como se a situação resultasse alguma falta deles ou traquinagem dos alunos. Em outras salas de aula minha presença foi quase despercebida, sem nenhuma menção na entrada ou na saída.

Ao todo, fiz 42 observações distribuídas pelos vinte e um professores. De cada um deles, portanto, assisti a duas aulas.

A natureza de cada encontro determinava variações. Estive em laboratórios, em quadras esportivas e em aula de campo. A grande maioria das aulas, entretanto, aconteceu em sala ambiental comum.

OS PROCEDIMENTOS

A exposição oral foi a técnica a que mais assisti. O objetivo do seu uso variou como resultante do momento em que ela acontecia, em relação ao desenvolvimento do currículo. Assisti a aulas de introdução de nova unidade, outras de fechamento deste segmento didático; assisti às aulas que precediam a execução de exercícios, outras que foram dadas em cima de tarefas realizadas pelos alunos. Em duas ocasiões observei os professores em discussão circular com os alunos, como resultante de estudo de casos. Nas aulas de laboratório ou nas aulas práticas em geral, os professores faziam uma preleção inicial, davam instruções e, depois, os alunos trabalhavam. Normalmente foram aulas de maior duração, que previam a intermitência da atividade do aluno com a do professor.

Em todos os casos observei a preocupação dos professores com o clima favorável no ambiente escolar e com a participação dos alunos.

O ritual escolar está basicamente organizado em cima da fala do professor. Não há aqui nenhuma rotulação prévia da aula expositiva. Há, sim, a constatação de que é o professor a principal fonte da informação sistematizada. Este dado reforça a ideia que obtivemos através da entrevista: a grande inspiração dos docentes é a sua própria prática escolar e ele tende a repetir comportamentos que considerou positivos nos seus ex-professores. Há pouca possibilidade de que nossos interlocutores tivessem tido experiências de discussões em classe, com professores que contestassem a ideologia existente, que tentassem construir o conhecimento de forma coletiva. Tenho a impressão até de que os professores criam um certo sentimento de culpa se não são eles que estão "em ação", isto é, ocupando espaço com a palavra na sala de aula. Tudo indica que foi assim que eles aprenderam a ensinar.

Por outro lado, os estudantes, de acordo com estudos feitos, estão condicionados a ter um tipo de expectativa em relação ao professor. Em geral, ela se encaminha para que o professor fale, "dê aula", enquanto ele, o aluno, escuta e intervém quando acha necessário. O fato de se achar na condição de ouvinte é confortável ao aluno, especialmente se o professor possui habilidades de ensino que fazem com que a aula não se torne maçante. Este comportamento ratifica a tendência de que o ritual escolar se dê em cima de aula expositiva.

É provável que professores e alunos assim se comportem por falta de vivência em outro tipo de abordagem metodológica.

De qualquer forma, avaliando as aulas dos professores participantes desta investigação, constato que todos desenvolvem significativamente habilidades técnicas de ensino. Se o comportamento do professor não é neutro, como já afirmamos, podemos ver relações entre as habilidades observadas e os pressupostos que embasam uma visão de homem e de mundo. Entretanto, percebemos, pelos depoimentos dos professores, que nem sempre são expressos para eles mesmos esses pressupostos.

AS HABILIDADES

Vale a pena constatar as habilidades de ensino que os nossos BONS PROFESSORES apresentaram. Minha observação encaminhou-se para a identificação de trinta e nove diferentes evidências, sendo que algumas delas com grande incidência entre o grupo.

Procurei reuni-las em categorias para simplificar a compreensão.

Um bom número de professores apresenta habilidades relacionadas com a *organização do contexto da aula*. Isto significa dizer que os BONS PROFESSORES *explicitam para os alunos o objetivo do estudo* que vão realizar. Partem do pressuposto de que é preciso que os alunos estejam conscientes do objeto de sua própria aprendizagem e que estarão mais motivados se compreenderem por que o fazem. Em muitas ocasiões essa justificativa ligou-se ao futuro profissional dos alunos e ao desempenho que terão de ter no vestibular ou no estágio supervisionado.

> Hoje veremos sistema de áudio. É importante vocês dominarem bem este conhecimento porque boa parte do mercado de trabalho em eletrônica atua nesta área (Aula de Eletrônica).

Outra evidência relacionada com a referida habilidade é a que *localiza historicamente o conteúdo*. Parece haver uma certeza de que é preciso saber como o conhecimento foi produzido para então estabelecer estruturas de pensamento que levem à compreensão. Observei que os alunos ficam muito interessados quando os professores realizam esta localização histórica de modo a valorizar o conhecimento científico como produção social, isto é, como construído por um grupo social, com necessidades e anseios historicamente situados. O professor inicia a sua explanação dizendo, por exemplo:

> ... descobriu-se o fenômeno de comoção cerebral num hospital psiquiátrico da França, porque... e segue apresentando a matéria de ensino (Aula de Neurologia).

O mesmo interesse percebi quando o professor *estabelece relações do conteúdo em pauta com outras áreas do saber*. O conhecimento passa a ser compreendido como um todo e não como algo compartimentado.

"Vocês sabem por que o livro que estão lendo é tão barato? É porque é financiado pela Organização Mundial de Saúde. É muito importante vocês terem conhecimento do que antecede a disseminação do saber e o papel que tem a OMS, porque..." e prossegue o professor sua aula sobre insônia.

Alguns professores, dentro da habilidade de organização do contexto da aula, usam artifícios verbais para apontar as questões fundamentais dentro do conteúdo estudado. Usam expressões que induzem à percepção do significado ou explicitam claramente o que é mais importante.

Numa aula de Matemática no 2º grau, diz o professor:

> ... hoje aprendemos a Lei de CRAMER e quero que vocês resolvam o exercício por este método. Vocês sabem que há outros caminhos. Mas é preciso que dominem este.

Apresentar ou escrever o roteiro da aula também foi um desempenho docente diversas vezes usado. Os professores acreditam que tal procedimento auxilia o aluno a ter uma visão sincrética da aula e favorece a compreensão lógica do conteúdo. Quando os alunos demonstram maior interesse por algum aspecto, ou quando o professor dá maior importância a determinado fato, há também referência de materiais de consulta, de obras e autores que aprofundam aquele conhecimento. Este comportamento dá margem a que o aluno procure as fontes, se desejar, e revela um comportamento intelectual aberto do professor.

Outro grupo de comportamentos foi reunido por mim como uma evidência de habilidades de incentivo à participação do aluno. Entre estas surge principalmente a capacidade dos BONS PROFESSORES de formularem perguntas. As indicações são as formas mais usuais para incentivar a participação do aluno. É nesse momento que percebi nos BONS PROFESSORES o esforço em estabelecer uma forma de diálogo. Não sei até que ponto há percepção do diálogo como pressuposto de uma proposta pedagógica. Mas, sem dúvida, os nossos interlocutores compreenderam que o ambiente verbal da sala de aula é a chave para uma aula participativa e até criativa. Ainda que a grande iniciativa de agilização verbal esteja localizada no professor, percebe-se uma intenção de que os alunos participem, que valorizem uma interação entre eles mesmos, o conteúdo e o professor. A maior parte das indagações usadas com este intuito são as de natureza exploratória. O valioso é o fato de os alunos falarem, de se disporem a intervir no processo de ensino-aprendizagem. A pergunta exploratória, assim como a pergunta encaminhadora, dá margem ao envolvimento da classe no assunto em discussão e mantém o professor informado sobre o nível de atenção dos alunos.

Como exemplo de pergunta exploratória poderia citar algumas do tipo:

... quem já viu uma partida de voleibol? O que acontece quando um jogador invade o campo do adversário? O que vocês fariam se estivessem de árbitro numa partida em que...

... o que acontece quando vocês vêm em pé no ônibus para a escola ou para o trabalho e o veículo dá uma freada?... (Aula de Física).

Já para tipificar a pergunta encaminhadora vale perceber como age um professor de Matemática ao desenvolver coletivamente um exercício com seus alunos. As perguntas que ele faz são:

... como vocês iniciariam a resolução deste exercício? Ou durante a explicação em que para e diz... e agora o que faremos? Ou ainda, frente a um resultado parcial, lançando a questão... e se desse zero neste resultado, o que modificaria?...

O fato de o professor usar a indagação como forma de conduzir a aula coloca os alunos mais à vontade para também perguntarem. Não que este tenha sido, na minha observação, um comportamento habitual entre os alunos. Mas percebi que o uso de perguntas pelo professor, quando no intuito de incentivar a participação, provoca no aluno uma disponibilidade maior de participar com suas próprias questões.

A transferência de indagações de um aluno para todo o grupo foi outro aspecto interativo observado nos professores. Esta é uma perspectiva que permite coletivizar as questões na sala de aula. Vi que esta atitude é própria de professores que procuram trazer as dúvidas ou a produção (no caso de projeto ou experiências) individuais para o contexto do coletivo. É provável que seja este procedimento o que mais se aproxima da produção do conhecimento na sala de aula como experiência social.

Por exemplo, numa aula de Projeto Arquitetônico, em que cada aluno apresenta o seu trabalho em andamento, o professor fazia perguntas como:

... qual a opinião de vocês sobre o que a colega está expondo?... no lugar dela o que vocês fariam?...

Completando o quadro de habilidades que o professor evidencia como forma de incentivar o aluno a participar da aula, percebi, com frequência, o uso de palavras de reforço positivo frente às respostas dos alunos. Quando elas acontecem, o professor diz:

... bonito... certíssimo... vejam como vocês sabem...

Ou, então, quando a resposta correta não vem, o professor diz:

... não faz mal que vocês não estejam lembrados hoje; sei que na próxima vez vocês saberão...

ou

... é por causa do frio de 5 graus que vocês não estão respondendo. Vamos fazer um aquecimento e sei que logo vocês responderão...

Não tenho total segurança para afirmar que em nenhum caso houvesse uma forma mecânica de reforço. Mas, na maioria das vezes, pareceu-me que, com o estímulo verbal, o professor expressava a sua crença no aluno, na sua capacidade de contribuir para a aprendizagem que estava a produzir. Esta impressão mais ficava evidente para mim na medida em que, complementarmente, outras atitudes eram tomadas.

Refiro-me ao fato do aproveitamento das respostas dos alunos para dar continuidade à aula e, ainda, do esforço que percebi nos professores para auscultar as experiências cotidianas dos alunos e, sobre elas, tentar a construção do conhecimento que estava em pauta. A natureza da matéria de ensino não impedia este procedimento. Vi isto acontecer em aula de Matemática, de Física, de Fertilizantes do Solo ou de Didática. Esta constatação aponta na direção da possibilidade de confirmar que todo o conhecimento faz parte da produção humana e por isso tem a ver com a vida e com a sociedade. Em qualquer área parece ser possível haver este tipo de relacionamento e parece que nada é mais significativo do que partir da experiência do aluno para dar ancoragem ao conhecimento organizado.

Outra categoria de habilidades que consegui reunir diz respeito ao trato da matéria de ensino. Nelas incluí o esforço que o professor faz para, no seu discurso, tornar compreensível o conhecimento que põe em disponibilidade para os alunos. Isto passa, especialmente, pela capacidade de tentar apreender a linguagem dos alunos e consequentemente de tornar a sua linguagem acadêmica acessível aos mesmos. Não é comum os alunos interromperem a aula para que o professor explique expressões que não dominam. Parece haver muito medo do erro e o silêncio acaba sendo uma forma de se protegerem do que pensam ser ridículo, ou mesmo da avaliação do professor. Cabe, então, ao professor a iniciativa de esclarecer conceitos, de explicitar claramente a sua fala. Não cheguei a perceber a prática do professor de explorar, pela linguagem, os níveis de desenvolvimento cognitivo e o nível de consciência crítica dos alunos. Parece que eles partem da média, isto é, não daqueles alunos que estão sentados à sua frente, mas da sua experiência no trato com alunos em geral. Mas, de qualquer forma, é possível reconhecer a preocupação do professor em não falar no vazio e não usar a linguagem como mais uma forma de poder acadêmico. Isto se observa pela intenção de clarear conceitos, de fazer analogias, de estabelecer relação entre causa e efeito e de vincular a teoria com a prática.

Por exemplo, numa aula de Teoria da Arquitetura em que a professora discutiu o texto "O Arquiteto e a Constituinte", falava-se muito em termos como posse, propriedade, comodato etc. Havia sempre a questão "... vocês sabem o que significa comodato?" ou "... é clara a diferença entre posse e propriedade?".

Percebo que, para trabalhar bem a matéria de ensino, o professor tem de ter profundo conhecimento do que se propõe a ensinar. Isto não significa uma postura prepotente que pressuponha uma forma estanque de conhecer. Ao contrário, o professor que tem domínio do conteúdo é aquele que trabalha com a dúvida, que analisa a estrutura de sua matéria de ensino e é profundamente estudioso naquilo que lhe diz respeito. Verifiquei que a principal estratégia que o professor utiliza para explicitar suas proposições é o uso de exemplos. E mais, parece que quando consegue construir exemplos que sejam familiares ou próximos aos alunos, mais êxito tem na compreensão de conceitos. A construção de exemplos parece estar muito vinculada à relação teoria-prática que o professor é capaz de fazer. Neste aspecto muito contribuíram o exercício da pesquisa e a capacidade que o professor pode desenvolver de tornar sua prática profissional e a sua sala de aula como permanente objeto de investigação. Este último item não é ainda comum. Vi que o professor explora e aproveita bastante bem a sua atividade de pesquisa e a sua prática profissional. Mas ainda muito pouco investiga seus próprios alunos e as experiências que já desenvolveram enquanto aprendizes.

Ainda assim, os alunos ficam interessados no processo de pesquisa do professor. Em uma aula de Patologia Animal, por exemplo, o professor apresentou dados estatísticos referentes ao quadro de patologias da região, fruto da pesquisa dos próprios docentes da faculdade de Veterinária. Procurava, com isso, incentivar os alunos ao estudo e ao raciocínio dizendo:

... que explicações vocês dariam para o fenômeno? Como vocês poderiam prevenir estas ocorrências patológicas? Que pesquisas vocês proporiam para complementar os dados?...

Meu material de análise também indica que muitos BONS PROFESSORES demonstram bastante competência na variação de estímulos. Agrupei, então, alguns indicadores observados nesta habilidade. Entre as evidências percebi o uso adequado de recursos de ensino, em especial do quadro de giz e do manuseio com o projetor de *slides*. Os professores acreditam que os recursos, em especial os *slides*, auxiliam a aprendizagem dos alunos, naqueles aspectos em que a visualização é fundamental para apreensão do fenômeno. Tudo leva a crer que não se pode reduzir a ideia de BOM PROFESSOR à visão tecnicista, que centra o papel docente nos meios de ensino. Percebe-se, porém, que nossos interlocutores valorizam o uso adequado e correto dos meios de ensino, até como uma forma de respeito à pessoa do aluno. O fazer bem e com cuidado o material didático que se apresenta em classe é valorizar o ato docente e influir no comportamento que o aluno desenvolve frente ao estudo e frente ao mundo. É um indicador da seriedade com que o professor encara o seu ensino. É preciso não ver nisto uma visão reducionista.

Percebi, ainda, outras habilidades do professor que estimulam os alunos na sala de aula. Verifiquei que a movimentação que o professor faz no espaço de ensino torna mais constante a participação dos alunos é dá ao professor condições de verificar o nível de atenção de seus interlocutores. Quando o professor chega perto do aluno, quando o chama pelo próprio nome, há uma interação que faz o aluno se sentir sujeito do ato de aprender. Isto o anima a interferir no conhecimento, ainda mais quando o professor usa palavras de estímulo à sua capacidade de pensamento ou condição de experimentação.

Em menor significação observei habilidades docentes de estímulo à divergência e à criatividade, bem como à preocupação em instalar a dúvida entre os alunos. Isto leva a crer que esta não é ainda uma prática comum nas nossas escolas. O discurso dos professores, muitas vezes, contempla a capacidade de reflexão do aluno. Mas há, quase sempre, uma ideia de verdade que é a do professor, isto é, o modo como ele vê o fato ou fenômeno, qual a sua opinião sobre o assunto. Talvez isto ocorra porque os próprios professores não estão habituados a tratar com o pensamento divergente.

Um professor de Clínica Médica pareceu-me bastante envolvido com a questão do pensamento divergente. A aula era sobre insônia e os alunos deveriam ter estudado sobre o tema. O professor pergunta:

> Em que fontes vocês pesquisaram? Qual foi a que preferiram? Qual a formação do autor dos artigos que vocês leram? O que há de contraditório nas opiniões?

Em muitos casos percebi a ideia de que segurança se contrapõe à posição de questionar verdades. E segurança é um sentimento muito valorizado tanto pelos professores quanto pelos alunos. Alguns docentes são até capazes de dizer "não sei". Mas poucos ainda admitem que as concepções dos alunos possam ser diferentes das deles e com isto aceitar que a ideia de verdade pode ser relativa. Este é um dos limites para que haja a prática de reinventar o conhecimento em aula.

Por fim, o último grupo de habilidades que tentei reunir foram aquelas relacionadas com o uso de linguagem pelo professor. Estas estão muito próximas àquelas que se referem à organização de matéria de ensino, pois é sobre o conteúdo que o professor desenvolve a linguagem.

Observamos uma preocupação significativa com a clareza nas explicações e confirmamos este valor pelas justificativas que deram os alunos ao fazerem a escolha de seus BONS PROFESSORES. Entendemos aqui por clareza tanto o uso de uma terminologia adequada e acessível, quanto o emprego de uma voz audível, com a observação de pausas e entonação variada que dê significado ao discurso. Em nenhum momento percebi que a linguagem fosse algo artificial, composta para a situação de aula. Entretanto, verifiquei que há uma relação entre o dizer e as condições de produção deste dizer. Assim, há formas que poderiam ser tomadas como características do papel docente, internalizadas no cotidiano escolar e que devem ser pensadas em seus processos histórico-sociais de constituição. Como diz Pecheux (1975, p. 58) "... não existe discurso sem sujeito nem sujeito sem ideologia". O professor utiliza ênfase, faz pausas e situações para exteriorizar o significado que dá às palavras. Esta não é uma ação mecânica, mas permeada de aspectos valorativos. É no decorrer do discurso que o professor se expressa ou silencia. E o silêncio pode ser uma estratégia usada para não dizer ou para não dar margem a que se digam certas coisas.

Outra manifestação que observei relacionada ao uso da linguagem é a utilização de uma certa dose de senso de humor no trato com os alunos. Muitos dos nossos observados, em situações diversas, procuraram tornar-se próximos dos alunos, aliviando o clima da sala de aula com frases humorísticas, presentes no cotidiano da relação professor-aluno. Este uso indica, em alguns casos, o esforço para tornar prazerosa e interessante a aprendizagem escolar.

Por exemplo, minha entrada na sala de aula de uma turma de 2º grau já foi motivo para o professor fazer uma brincadeira com os alunos e descontrair a aula.

Ao me apresentar ele disse:

> Esta é a tia daquele rapaz de quem vocês estavam falando mal outro dia. Ela tem pistas e experiência de detetive. Vai observar a aula e descobrir quem é o responsável pelo crime.

Em outras situações observei que os professores aproveitavam as situações engraçadas para dar um certo dinamismo à aula. Os alunos gostam e respondem positivamente a este tipo de estímulo. Não vi, porém, em nenhuma situação, a iniciativa do aluno no uso de senso de humor em classe. Parece que eles, mesmo apreciando este tipo de comportamento, não se sentem confortáveis para expressá-los espontaneamente, provavelmente porque professores diferentes apresentem respostas distintas e isso pode pesar negativamente sobre eles.

Percebi, porém, que rir juntos torna as pessoas mais próximas. É este um dos fenômenos que, ao ter lugar entre o professor e o aluno, contribuem para desmitificar as relações autoritárias.

Estas habilidades estavam presentes na prática da sala de aula que acompanhei. A organização desses dados foi feita posteriormente ao exercício de observação. Como já foi esclarecido anteriormente, não havia categorias prévias explícitas que encaminhassem à sua organização. Tentei relatar o acontecido de acordo com a minha possibilidade de ver o ato pedagógico. O exercício de organização dos dados foi feito a partir do material descritivo.

Uma das conclusões que me parecem fundamentais é a de que há um alto índice de coerência entre a descrição que os docentes fizeram de sua prática pedagógica e o que realmente acontece na sala de aula, contrariando os resultados de outras pesquisas recentes como a de Veiga (1988, p. 178). Será que esta é uma característica dos BONS PROFESSORES?

Os alunos, quando indicaram o nome de seu melhor professor, já tinham usado este critério como importante. A relação entre teoria e prática pesou na escolha do BOM PROFESSOR. Sem dúvida nenhuma, percebi um esforço, de parte dos docentes, em realizar um ensino adequado às suas ideias pedagógicas. Pode-se, então, até fazer uma crítica a algumas representações um pouco ingênuas do processo ensino-aprendizagem. Mas não se pode negar que é presente, entre os nossos BONS PROFESSORES, uma tentativa de compromisso e seriedade com a sua tarefa profissional.

O CONTEXTO

Outra inferência que pude fazer é que não se pode reduzir o ato de ensino do professor somente aos aspectos observáveis na sala de aula. Isto porque, a par dessas atividades, existem outras que têm lugar também importante no processo ensino-aprendizagem: conversas com os alunos fora da sala de aula, preparo das aulas, forma de convivência com os colegas etc.

Ainda que minha observação fosse restrita neste sentido, a verbalização que o professor fez através das entrevistas deu-me condições de compreender a importância do ato docente nesta abrangência. A observação da sala de aula é imprescindível para a análise do processo escolar, mas é importante percebê-la situada no contexto das atitudes e atividades outras do professor. O que vale aprender são as situações escolares no seu conjunto, na sua relação com um contexto sociológico, localizado no tempo e no espaço.

Isto se depreende quando, na sala de aula, o professor emite juízos de valor que não podem ser classificados de habilidades de ensino. São frutos de suas raízes e de suas vivências mais amplas que se concretizam na sala de aula.

Entre os professores que se posicionaram criticamente sobre a realidade, percebi uma preocupação evidente com a valoração do estudo e de habilidades de leitura.

Ao assistir a uma preleção que um professor fez com alunos formados em Medicina, sobre uma prática no posto de saúde, tendo como pressuposto a leitura de livros e textos, registrei o seguinte depoimento:

> É fundamental que vocês leiam compreendendo o texto e o façam à luz da realidade. Vocês já estudaram alguma coisa sobre como ler um texto científico? Não? Que pena! Acho então que teremos de começar por ele.

O prazer de aprender e a valorização do pensamento crítico foram outros aspectos observados por mim em alguns professores. A relação afetiva do professor com sua matéria de ensino ficou aí muito evidenciada. Por exemplo, um professor entremeava sua explicação dizendo:

> Viram como é bonita a Matemática? Viram como é importante compreender o espírito da coisa e não apenas o aspecto formal? Dá gosto trabalhar na Matemática. Ela é tão desafiante!.

Outro dado significativo é notar o bom número de professores que procuravam posicionar-se frente ao conteúdo, dando a sua opinião em momentos oportunos. Estas foram situações que tornaram possível analisar um discurso que mostrava duas vertentes. Alguns professores, ao emitir seu posicionamento, faziam-no somente sobre aspectos técnicos (vantagens, produtividade, economia etc.). Outros já teciam opiniões claramente políticas, desvendando interesses de classes na produção do conhecimento.

Por exemplo, vi um professor de Planejamento Urbano e Regional dar seu posicionamento pessoal sobre as políticas nesta área. O assunto era sobre os decibéis suportáveis pelo ouvido humano e a importância deste aspecto no projeto urbanístico de uma área industrial. O professor liberou o seu conceito de valor na proteção do ser humano frente ao desenvolvimento urbano.

Por outro lado, presenciei um professor em aula de Fertilizante do Solo fazendo seu posicionamento pessoal do ponto de vista técnico, mostrando características e vantagens de produtividade de cada tipo de fertilizante, e salientou um como seu preferido. Ressaltou, porém, que esta era a sua opinião e que os alunos deveriam construir a própria. Não houve, entretanto, nenhum adentramento valorativo sobre o uso de fertilizantes sobre o aspecto ecológico ou das políticas econômicas nesta área.

A observação reforça a constatação de que o professor é inevitavelmente responsável por direcionar o estudo na sala de aula. E é por isso que a neutralidade não existe. Pode ser que a ação docente seja, muitas vezes, pouco reflexiva, até ingênua. Mas nem por isso deixa de ser uma prática política, que evidencia valores.

O ver as aulas dos BONS PROFESSORES de hoje me levou a perceber que estamos vivendo um momento de transição, uma relação dialética entre os comportamentos enraizados em nós e o desejo de encontrar formas alternativas de democratização do saber. A dualidade entre manutenção e transformação das relações escolares é ainda presente e provavelmente o seja ainda por muito tempo.

A prática dos professores em sala de aula é coerente com o modo de produção que acontece hoje em nossa sociedade, isto é, com a divisão do trabalho e do conhecimento. A análise desta realidade constitui-se em mais um esforço no sentido de auxiliar os professores e alunos a um exercício reflexivo. E só a reflexão pode nos dar a consciência necessária para a mudança.

PARTE V

"Não se trata de descobrir e percorrer sozinho uma única vez uma pista. Mas de traçar e de concluir, para uso de muitos, uma larga pista."
Lebret

CONCLUSÕES: DA PRÁTICA À TEORIA

O estudo que desenvolvi conseguiu dar-me algumas respostas sobre o que acontece com o BOM PROFESSOR. Vale agora o esforço de tentar fazer uma leitura que vá além do factual, isto é, que procure explicações para os fatos e para o cotidiano do professor.

A primeira ideia que gostaria de explorar é que o conceito de BOM PROFESSOR é valorativo, com referência a um tempo e a um lugar. Como tal é também ideológico, isto é, representa a ideia que socialmente é construída sobre o professor.

O definir e o satisfazer expectativas dão corpo aos comportamentos de tipo papel e modificam a função do dever-ser na vida cotidiana. De acordo com Heller (1985, p. 94), "no 'dever-ser' revela-se a relação do homem inteiro com os seus deveres, com suas vinculações, sejam essas econômicas, políticas, morais ou de outro tipo". É comum, entre os professores, a existência de valores como "preciso ser responsável e honrado", "os alunos devem ser tratados todos iguais" e outras manifestações que se tornam usuais e aceitáveis ao seu papel. Cria-se historicamente um rol de atributos que fazem parte do papel do professor, que são assimilados socialmente, sem muita consciência ou atitude reflexiva sobre os mesmos. Esta assimilação tanto se dá entre os alunos, através de expectativas, quanto ao professor, através de respostas a elas. A ideia do dever-ser presente entre os professores e os alunos é socialmente construída, na medida em que é fruto dos valores da sociedade que a produz.

Como a sociedade é dinâmica nas suas relações, observa-se que o dever-ser sofre alterações no decorrer do tempo. Quando o dever-ser converte-se numa manifestação puramente externa, ou o indivíduo tem uma atitude de simples adaptação ao papel que representa ou se insurge contra a ideia proposta e exerce a recusa do papel que lhe está sendo imposto.

Percebi, em minha investigação, que muitos professores estão em conflito com o dever-ser e estão à procura de uma nova relação que implique a redefinição de seu papel. Isto significa dizer que em muitas situações eles exercem atitudes de acordo com a expectativa do dever-ser, mas em outras procuram construir um novo papel, um novo dever-ser, que responde a uma nova ideia de professor.

A necessidade de construir essa nova ideia de professor pode ser mais ou menos consciente. Pode ser fruto intencional da reflexão criteriosa. Mas pode ser, também, apenas a resposta às pressões da sociedade e ao aparecimento de situações não previstas. Vale salientar, porém, que estas últimas podem levar à primeira, isto é, a pressão da realidade pode provocar a reflexão.

Observei, porém, que não há um movimento linear na modificação do papel do professor. Este vai se alterando de diferentes formas em diferentes situações conforme os indivíduos. Sem dúvida, os professores estão fazendo a sua própria história, mas a partir de condições dadas, concretas do cotidiano.

Para melhor esclarecer valho-me novamente de Heller (*op. cit.*, p. 14) quando diz:

> Os homens jamais escolhem valores, assim como jamais escolhem o bem ou a felicidade. Escolhem sempre idéias concretas, finalidades concretas, alternativas concretas. Seus atos concretos de escolha estão naturalmente relacionados com sua atitude valorativa geral, assim como seus juízos estão ligados à sua imagem de mundo. E reciprocamente sua atitude valorativa se fortalece no decorrer dos concretos atos de escolha.

O professor já nasce inserido em seu cotidiano. A vida diária não está fora da história, mas, ao contrário, está no centro do acontecer histórico. Como todo indivíduo, o professor é simultaneamente um ser particular e um ser genérico. Isto significa dizer que quase toda a sua atividade tem caráter genérico, embora seus motivos sejam particulares. No seu cotidiano ele trabalha com estas duas forças: as que vêm da generalização da sua função e as que partem dele enquanto individualidade. Nem sempre ambas caminham no mesmo sentido. Muitas vezes é do conflito entre elas que se origina a mudança das atitudes do professor.

Estudar o cotidiano do professor é um meio para a compreensão dos fenômenos sociais que o cercam e, com esta compreensão, entender o próprio professor neste contexto.

O estudo me fez ver que, apesar da política da não valorização formal do professor, a sociedade mais ampla, aqui representada pelos alunos, valoriza bastante o papel docente. Nesta valorização aparece a ideia do professor que responde aos desafios de uma sociedade moderna, industrializada, em que se valoriza mais o espírito crítico promotor da indagação do que a boa memória e a confiança cega na palavra depositária da verdade.

Mesmo nesta perspectiva da sociedade moderna, continua-se reconhecendo no professor, além da capacidade de ensinar conhecimentos especializados, a tarefa de transmitir, consciente ou inconscientemente, valores, normas, maneiras de pensar e padrões de comportamento que contribuem eficazmente para a permanência da vida social. As relações são os aspectos mais ressaltados pelos alunos, ainda que elas não possam ser separadas completamente do todo que é o professor.

As relações devem ser entendidas pelo lado afetivo, ainda que não apareça como desejável para o aluno o professor "bonzinho". O que eles querem é um professor intelectualmente capaz e afetivamente maduro.

O posicionamento político do professor não faz parte dos critérios de escolha que os alunos fizeram do BOM PROFESSOR hoje. Este dado é importante ser compreendido na dimensão do papel do dever-ser, estipulado socialmente. Mostra ainda, com clareza, como o cotidiano é construído pela história, pelo concreto das relações sociais. Uma sociedade que baniu a dimensão política do saber pedagógico por tanto tempo não poderia deixar de arcar com esta conceituação sobre o BOM PROFESSOR, ainda hoje.

Compreendo e gostaria de partilhar claramente a ideia de que este é um estudo localizado, que tem por objetivo esclarecer quem é o BOM PROFESSOR hoje e tentar analisar o seu cotidiano a partir do contexto histórico que lhe é dado.

Não há intenção de construir uma teoria didática a partir de seu desempenho. Estudá-lo pode contribuir muito para a formação de um conhecimento pedagógico específico. Mas não como paradigma do desempenho docente.

As conclusões a que o estudo me levou foram as seguintes:

- A ideia de BOM PROFESSOR é variável entre as pessoas porque contém em si a expressão de um valor. O momento da vida das instituições escolares determina, em algum grau, a situação do aluno. Esta situação cria necessidades. O professor que responde a elas tem maior probabilidade de ser considerado o melhor.
- Os dados descritivos dos BONS PROFESSORES não me permitem fazer qualquer generalização. Entre o grupo há variação em idade, experiência profissional, formação acadêmica e pedagógica, produção de pesquisa e extensão etc.
- Os BONS PROFESSORES reconhecem influências significativas da família com relação a valores. A condição de classe social é também percebida como interveniente no processo de encaminhamento profissional. A questão da vocação parece sofrer maior influência do ambiente social e das relações que ele oportuniza do que ser uma questão de pendor natural.
- 60% dos nossos interlocutores afirmaram estar no magistério por razões circunstanciais e não como opção profissional primeira. Todos eles, entretanto, mostraram um profundo sentimento de valorização do magistério, afirmando que gostam muito do que fazem.

Organizando os dados da análise descritiva, com relação às principais influências que os BONS PROFESSORES reconhecem sobre si, encontrei o seguinte:

- É de sua história enquanto aluno, do resultado da sua relação com ex-professores que os BONS PROFESSORES reconhecem ter maior influência. Em muitos casos esta influência se manifesta na tentativa de repetir atitudes consideradas positivas. Em outras, há o esforço de fazer exatamente o contrário do que faziam ex-professores, considerados negativamente. De qualquer forma, no dizer dos nossos respondentes, a maior força sobre o seu comportamento docente é a do exemplo de ex-professores. Este dado é fundamental para quem trabalha na educação de professores, pois identifica o ciclo de reprodução que se realiza nas relações escolares.

- Outra influência reconhecida pelos BONS PROFESSORES refere-se ao saber que constroem na própria experiência, enquanto docentes. Nela localizam a possibilidade de aprenderem com colegas de trabalho, com alunos e de, refletindo sobre a sua própria docência, reformularem sua forma de agir e de ser. Este dado confirma que a prática é um elemento importante na aprendizagem e que a experiência que o indivíduo vive é insubstituível no seu significado educativo. O fazer e o refletir sobre este fazer têm sido, no dizer dos BONS PROFESSORES, um mecanismo fundamental para delinearem seu desempenho docente.

- A formação pedagógica é, para esses professores, também fator de influência no seu modo de ser. Constatei, entretanto, que não se pode falar em uma formação pedagógica como algo unitário, com um referencial comum. Os depoimentos dos professores mostraram que ela ocorre de forma diferencial no que se refere a objetivos, filosofia, duração, significado etc. Percebi ainda que, quanto mais ela responde às necessidades do professor no momento que a realiza, mais eles a valorizam. Para alguns, a formação pedagógica deu uma resposta às necessidades sentidas ou fê-los refletir sobre a realidade vivenciada. Para estes, tal formação foi significativa e influenciou novas formas de ser.

- A prática social do professor é quantitativamente o último fator apontado como de influência pelos nossos BONS PROFESSORES. Até porque pouco são os docentes que atuam nessa área com clareza de propósitos e ações. É importante ressaltar, porém, que aqueles que atribuem à prática social influências sobre o seu comportamento docente o fazem enfaticamente. São pessoas que têm clareza nos caminhos que escolheram para alcançar as modificações sociais e dão ao papel docente uma dimensão bem mais ampla do que apenas o contato com os alunos na sala de aula.

- Os BONS PROFESSORES destacaram outros fatores de influência no seu modo de ser. Apontam, por exemplo, profissionais de alta competência na área em que atuam etc. O que se depreende deste fato é que há uma tendência entre eles de repetirem práticas das pessoas que admiram.

Os dados sobre a visão que os BONS PROFESSORES têm da realidade social e educacional brasileira hoje, resumidamente, nos dizem que:

- Os BONS PROFESSORES são capazes de analisar a realidade nacional como numa fase de crise, localizando como principal indicador deste fato o descaso do governo com a educação e a consequente desvalorização do magistério. Alguns expandiram a crítica à incompetência do modelo escolar na nossa realidade, ainda que todos tenham valorizado a escola como instituição necessária à sociedade.

Para alguns professores os pressupostos políticos e sociais da crise são claros. Para outros parece que ainda não, pois os efeitos são abordados sem referências às causas.

- Observei que os BONS PROFESSORES que possuem uma prática social mais ativa (participação em movimento docente, profissional, religioso, sindical, partido político etc.) têm maior facilidade de fazer uma análise das questões da educação dentro do atual contexto social brasileiro.

Através da análise descritiva já realizada sobre a representação que o BOM PROFESSOR faz de sua prática pedagógica, consegui concluir que:

- Podemos identificar, para fins de análise, três áreas de verbalização: relação com o ser e o sentir, relação com o saber e relação com o fazer.
- Na relação com o ser e o sentir o professor dá grande valor ao prazer de ensinar e à gratificação que sente nas relações com os alunos.
- Na relação com o saber há um destaque significativo na afetividade que o liga à sua matéria de ensino, que leva ao gosto pelo estudo e à possibilidade de produzir conhecimento junto com os alunos.
- Na relação com o fazer há um esforço de coerência entre o que ele faz e o que ele pensa. Vejo, entretanto, que o professor em geral não faz uma análise reflexiva de sua prática. O seu fazer é muito intuitivo. Por isso, também, nem sempre estabelece relações claras entre a prática e os pressupostos teóricos que a embasam. A prática tende a repetir a prática.
- Ao fazer a representação de sua prática pedagógica o BOM PROFESSOR fala de suas dificuldades. Em geral elas decorrem da desvalorização da educação e do magistério. Há ênfase nas dificuldades estruturais, aquelas que estão próximas ao professor e que interferem diretamente no seu trabalho. Parece, contudo, que nem sempre o professor entende que sua aceitação ou resistência fazem parte deste quadro da realidade.
- Para sugerir aspectos que deveriam estar presentes na sua tarefa de formar professores, os nossos BONS PROFESSORES tiveram alguma dificuldade. Percebi que as sugestões que acabaram fazendo estavam muito relacionadas com a representação de seus próprios valores e daquilo que eles mesmos gostariam de estudar mais.

A apreensão da atuação do professor no cotidiano escolar levou-me a, além de perceber as questões relacionadas ao papel social que ele representa, entender a ideia de projeto presente no professor. Projeto seriam suas aspirações de vida, sua utopia pedagógica, seus objetivos maiores de realizaçao. Percebi, também, que este projeto é construído no contexto da sua vida, fruto de suas experiências, numa sociedade historicamente localizada.

No momento em que os BONS PROFESSORES relataram a mim como acontecia a sua prática pedagógica, percebi que eles estavam representando o seu projeto, falando e refletindo sobre a sua trajetória de vida pessoal e profissional.

O ponto de partida da noção de projeto é a ideia de que os indivíduos escolhem ou podem escolher alternativas de vida. Os professores me relatavam o que acontecia no seu cotidiano, numa tentativa consciente de dar sentido ou coerência às experiências fragmentadas da vida social e, consequentemente, pedagógicas.

Em alguns casos, foi possível ver que, permeando o projeto do professor, aparecia o projeto da instituição com seus valores, peculiaridades e expressões. Contudo, estes não são mais fortes do que os primeiros.

Ainda está mais no professor a tomada de decisões sobre o seu fazer docente do que na instituição, ainda que se reconheça que o clima, os objetivos, os valores e os preconceitos institucionais pesem no projeto individual do professor. Os projetos institucionais constituem expressão simbólica e estão diretamente ligados à história das unidades de ensino. Sua estabilidade e continuidade ficam muito na dependência de uma definição de realidade convincente e coerente. E nem sempre isto acontece. Primeiro porque, na maior parte das vezes, as instituições não expressam claramente o seu projeto. Segundo, percebe-se que, quando o fazem, há uma distância grande entre um discurso que procura ser pouco claro e uma realidade que é concreta e definida. Talvez seja este o momento institucional da escola brasileira hoje que permite que o projeto individual do professor tenha mais força, em função do espaço existente. Se isto, por um lado, pode ser positivo, na medida em que represente liberdade e autonomia docente, por outro pode ser nefasto, pois pode significar uma total dependência da individualidade do professor e de seu grau de compromisso e competência.

De qualquer forma, a projeção que os BONS PROFESSORES fizeram de seu cotidiano mostra o quanto esta realidade é multifacetada, resultante de muitas interações, de histórias e projetos de vida particulares que foram construídos num determinado contexto.

A observação de aulas facilitou a apreensão dos dados sobre o que faz o BOM PROFESSOR no seu cotidiano escolar. A análise descritiva foi um processo de alta significação para que algumas considerações pudessem ser feitas. Entre elas vale apontar que:

– O professor é a principal fonte do conhecimento sistematizado. A ênfase na exposição oral demonstra esta afirmativa. Os alunos manifestam exatamente esta expectativa, desejando que o professor seja hábil no falar e permita intervenções quando necessárias.

– Os nossos BONS PROFESSORES manifestaram inúmeras habilidades de ensino. Elas podem ser reunidas em cinco grupos: organização do contexto da aula, incentivo à participação do aluno, trato da matéria de ensino, variação de estímulo e uso da linguagem.

– A habilidade de organização do contexto da aula inclui os seguintes indicadores:
  - explicita o objetivo do estudo;
  - localiza historicamente o conteúdo;
  - estabelece relações do conteúdo com outras áreas do saber;
  - usa artifícios verbais para apontar questões fundamentais;
  - apresenta ou escreve o roteiro da aula;
  - referencia materiais de consulta.

– A habilidade de incentivo à participação do aluno inclui indicadores como:
  - Formula perguntas de natureza exploratória; de natureza encaminhadora;
  - valoriza o diálogo;
  - provoca o aluno para realizar as próprias perguntas;
  - transfere indagações de um aluno para outro ou para toda a classe;
  - usa palavras de reforço positivo;

- aproveita as respostas dos alunos para dar continuidade à aula;
- ouve as experiências cotidianas dos alunos.

– A habilidade de tratar a matéria de ensino aparece da seguinte forma:
  - esforça-se para tornar a linguagem acadêmica acessível:
    – clareia conceitos;
    – faz analogias;
    – estabelece relação entre causa e efeito;
    – vincula teoria e prática;
  - usa exemplos;
  - utiliza resultados de pesquisa.

– O grupo de indicadores da habilidade de variação de estímulos constitui-se de:
  - usa adequadamente recursos audiovisuais;
  - movimenta-se no espaço de ensino;
  - estimula a divergência e a criatividade;
  - preocupa-se em instalar a dúvida.

– Por fim, a habilidade do uso da linguagem reúne aspectos como:
  - tem clareza nas explicações através de:
    – uso de terminologia adequada; emprego de voz audível;
    – usa de pausas e silêncios;
    – adoção de entonação de voz variada;
  - senso de humor no trato com os alunos.

– O mapeamento destas habilidades foi organizado por mim, no momento da realização da análise de dados, portanto após as observações realizadas. Pude concluir isso pela existência de uma coerência entre a representação que o professor fez de sua prática pedagógica e o que realmente acontece na sala de aula.

Além das habilidades, no contexto da sala de aula os BONS PROFESSORES emitiram juízos de valor, tais como a importância do estudo e o desenvolvimento de habilidades a ele relacionadas. Mostra que é necessário recuperar o prazer de aprender e que a escola, necessariamente, não precisa ser chata e ritualista.

O pensamento crítico foi também valorizado no sentido de fazer o aluno raciocinar sobre o conhecimento. Nem sempre, porém, este pensamento crítico explora as condições sociais e políticas da produção de conhecimento e os interesses da sociedade capitalista subjacentes a ela.

O fato em questão é fundamental aos objetivos deste estudo. O delineamento feito mostra que os BONS PROFESSORES têm muitas condições pedagógicas e didáticas tidas como significativas nas nossas instituições escolares de hoje.

Entretanto, gostaria de explorar uma ideia que me parece fundamental para justificar este estudo. Tendo presente a questão da expectativa dos alunos, da construção histórica que a sociedade tem feito do BOM PROFESSOR e do papel do dever-ser que o professor se atribui, é possível concluir que o BOM PROFESSOR está assentado numa perspectiva de ensino que:

- tem no docente o centro do processo de ensinar e aprender;
- coloca no professor as condições do melhor ensinar, no sentido de transferir seu próprio conhecimento aos alunos.

Como exemplo, cito que os BONS PROFESSORES desenvolvem um grande número de habilidades de ensino, tais como: fazer perguntas, variar estímulos, relacionar o conteúdo com outras áreas etc. Todavia, não temos ainda BONS PROFESSORES que estejam mais voltados a desenvolver habilidades nos alunos. O professor é capaz de apresentar o melhor esquema do conteúdo a ser desenvolvido em aula, mas não conhece procedimentos sobre como fazer o aluno chegar ao mapeamento próprio da aprendizagem que está realizando. O BOM PROFESSOR relata e referencia resultados de suas pesquisas, mas pouco estimula o aluno a fazer as suas próprias, mesmo que de forma simples. E assim em tantos outros exemplos.

Compreendo que os alunos esperam pelo discurso do professor e têm como certeza a ideia de que um bom ensino depende das condições melhores que o professor apresenta de explicar o conteúdo.

Nessa perspectiva percebo que mesmo os BONS PROFESSORES repetem uma pedagogia passiva, muito pouco crítica e criativa. Pelo menos uma pedagogia tradicional em que, como diz Paulo Freire (1984, p. 64) "... o professor é sempre o iluminador do conhecimento" e não a perspectiva de uma pedagogia dialógica, que implica uma realidade que é "iluminada" pelo educador e pelo educando juntos. É diferente a transferência do conhecimento especializado através de uma preleção muito benfeita e a colocação de um problema que contesta o conhecimento oficial, motivando os estudantes para ação.

Compreendo também que é bastante difícil construir esta nova pedagogia, na qual as principais intenções e habilidades do professor estivessem voltadas para a produção do aluno. Nossos interlocutores afirmaram – e pude constatar na prática – que a maior influência na definição do seu comportamento docente vem da sua experiência enquanto aluno e, depois, de sua prática como docente. Ora, dificilmente teremos hoje professores que tenham vivenciado experiências diferentes da que tentam construir. Eles procuram melhorar a sua ação docente, mas sobre um paradigma pedagógico que, *a priori*, contém um pressuposto da ação de ensinar. Para uma ação dialógica, transformadora, seria preciso deslocar do professor para o aluno a produção do conhecimento. Seria necessário modificar o paradigma que é presente historicamente nas concepções escolares.

Os nossos BONS PROFESSORES são os melhores dentro de uma concepção de educação, de ensino e de aprendizagem. Se essas concepções forem alteradas, o conceito de BOM PROFESSOR certamente também o será.

Penso, então, em quantas sugestões poderiam ser arroladas para a formação e educação de nossos professores. Como encaminhar os nossos programas e as nossas ações junto a professores no seu processo de educação?

A contribuição que o desenrolar desta pesquisa me proporcionou sugere que:

   a) É fundamental que seja desvendado o contexto em que o professor vive. A análise da realidade, das forças sociais, da linguagem, das relações entre as pessoas, dos valores institucionais é muito importante para que o professor compreenda a si mesmo como alguém contextualizado, participante da história.

b) A formação do professor deve passar pelo exercício de descoberta e análise da projeção que ele como sujeito faz de um BOM PROFESSOR. Se a pesquisa mostrou a tendência de reprodução da ação docente, é necessário pelo menos que o professor tenha clara e organizadamente esta ideia de dever-ser em sua mente.

c) A formação do educador é um processo, acontecendo no interior das condições históricas em que ele mesmo vive. Faz parte de uma realidade concreta determinada, que não é estática e definitiva. É uma realidade que se faz no cotidiano. Por isso, é importante que este cotidiano seja desvendado. O retorno permanente da reflexão sobre a sua caminhada como educando e como educador é que pode fazer avançar o seu fazer pedagógico.

d) A pesquisa que o professor realiza com os alunos e o incentivo que ele faz para que os alunos produzam conhecimento, constituem-se numa alternativa confiável para fazer progredir a ideia de uma educação dialógica, em que o aluno seja o principal sujeito da aprendizagem. Nesse sentido, partiríamos de um novo paradigma de ensino, aquele que procura produzir um conhecimento divergente e formas alternativas de utilizar o conhecimento existente. Se isto fosse uma constante nos cursos de formação de professores, já se teriam experiências no cotidiano do futuro professor que garantiriam a absorção das práticas neste sentido.

e) A prática é que dá sentido às inquietações do ser humano. É preciso que a formação pedagógica se faça sobre ela. O significado dos estudos na área da educação depende da capacidade de auscultar o momento do educando, que transparece principalmente por seu discurso. Nele há a expressão de suas experiências, condições de vida, interesses e aspirações. É preciso partir daí.

f) Por fim, novamente levanto a importância que os programas de formação e educação de professores precisam dar à dualidade competência técnica e compromisso político. Uma pedagogia transformadora só se fará com o concurso de ambas as dimensões.

O esclarecimento do significado de cada uma é fundamental para que se operacionalize uma prática eficiente e comprometida.

As conclusões a que chegamos não se conflitam com as propostas e reflexões que se têm feito ultimamente sobre o professor. Elas se somam e desvendam, através da investigação da realidade, maiores dados sobre o que está acontecendo na prática escolar.

Retomando a revisão de literatura e, em especial, os resultados do esforço de alguns educadores e associações educacionais nos últimos tempos, localizo um processo que evolui para pontos comuns. As propostas, em geral, privilegiam a ideia de que é necessário um professor consciente das questões sociais e competente tecnicamente para engajar-se na luta em favor da melhoria das condições de vida do povo brasileiro.

Os caminhos para se chegar a este propósito é que se apresentam diferentes. O desvendamento da prática é que, provavelmente, possa dar mais luzes à trajetória rumo à transformação, uma vez que não há mudança que não ocorra a partir do concreto, da realidade.

A constatação de que a educação de professores tem sido mais efetiva pelas influências da prática cotidiana pode influir no repensar dos cursos de formação de professores. Os esforços dos cursos de licenciaturas e de Pedagogia têm sido maiores sobre a formação do futuro professor, tendo uma conotação mais teórica do que prática. A história e as práticas educacionais do aluno, assim como o seu exercício educacional futuro, têm sido pouco priorizadas nas ações universitárias e nas demais instituições que se envolvem com a educação de professores. Esta pesquisa, assim como outros estudos a respeito, constituem-se num alerta para o repensar a prática que vem sendo realizada. Tudo indica que não bastam esforços na formação prévia do professor. É preciso estender ações e influências sobre o professor em exercício, favorecendo situações de análise e reflexão sobre a sua própria condição e experiência.

Os desafios são muitos. Creio ser necessário um esforço coletivo no reconhecer e refletir sobre as contradições da sociedade em que vivemos, e nela, muito especialmente, as questões relacionadas com a nossa área de atuação. Só assim poderemos fazer avançar a educação brasileira.

BIBLIOGRAFIA

ABRAMO, Perseu. (1987). "O professor, a organização corporativa e a ação política". *In: Universidade, escola e formação de professores.* São Paulo: Brasiliense.

ALBUQUERQUE, J.A. Guilhon (1986). *Instituição e poder.* Rio de Janeiro: Graal.

ANDRÉ, Marli Elisa D. (1978). "A abordagem etnográfica: Uma nova perspectiva na avaliação educacional". *Tecnologia Educacional*, 24. Rio de Janeiro, ABT, set./out., pp. 9-12.

_____ (1983). "Texto, contexto e significados: Algumas questões na análise de dados qualitativos". *Cadernos de Pesquisa*, 45. São Paulo, maio, pp. 66-70.

ARAÚJO Fº, Luiz Soares de (1987). "O professor: Formação, carreira, salário e organização política". *Em Aberto*, 6. Brasília, abr./jun., p. 34.

BAKHTIN, Mikhail (1986). *Marxismo e filosofia da linguagem.* 3ª ed. São Paulo: Hucitec.

BALZAN, Newton C. (1977). "Tem a aula alguma validade?". *Didata*, 7. São Paulo: s.e., pp. 61-64.

_____ (1980). "Sete asserções inaceitáveis sobre a inovação educacional". *Educação e Sociedade*, 6. São Paulo: s.e., pp. 119-139.

BALZAN, Newton C. e PAOLI, Niuvenius (1987). *Licenciaturas: Discurso e realidade.* Simpósio "A licenciatura em questão". 39ª Reunião Anual da SBPC. Brasília (mimeo).

BARBIER, René (1985). *A pesquisa-ação na instituição educativa.* Rio de Janeiro: Zahar.

BAZARIAN, Jacob (1985). *O problema da verdade: Teoria do conhecimento.* Rio de Janeiro: Alfa-Omega.

BERGER, Peter L. e LUCKMANN, Thomas (1978). *A construção social da realidade.* Petrópolis: Vozes.

_____ (1983). *Perspectivas sociológicas: Uma visão humanista.* Petrópolis: Vozes.

BERNARDO, Maristela Veloso Campos (1986). "Re-vendo a formação do professor secundário nas universidades públicas do Estado de São Paulo". Tese de doutorado. PUC-SP.

_____ (1984). "A pesquisa em didática: Validades e propostas". *In:* CANDAU, Vera. *A didática em questão.* Petrópolis: Vozes.

BRANDÃO, C.R. (1981). *Pesquisa participante.* São Paulo: Brasiliense.

CAMPOS, M. Cristina S. de Souza (1986). *Educação: Agentes formais e informais.* São Paulo: EPU.

CAMPOS, Maria Malta (1984). "Pesquisa participante: Possibilidades para o estudo da escola". *Cadernos de Pesquisa,* 49. São Paulo, pp. 71-98.

CARVALHO, Edgard de Assis (1985). "Estruturalismo e historicidade". *Cadernos PUC,* 19. São Paulo.

CARVALHO, M. Jurema Venceslau de (1981). "As condições de ensino e a associação de categoria profissional do professor paulista". Dissertação de mestrado. PUC-SP.

CASTRO, Amélia A.D. de (1981). "O professor e a didática". *Revista Educação,* 3 (12). Brasília, abr./jun.

_____ (1984). "A didática na Revista Brasileira de Estudos Pedagógicos". *Revista Brasileira de Estudos Pedagógicos,* 65 (150). Brasília, maio/ago.

CHAUI, Marilena de Souza (1980). "Ideologia e educação". *Educação e Sociedade,* 5. São Paulo, jan., pp. 24-40.

_____ (1980). *O que é ideologia.* São Paulo: Brasiliense.

_____ (1987). *Conformismo e resistência.* São Paulo: Brasiliense.

CHEPTULIN, Alexandre (1982). *A dialética materialista.* São Paulo: Alfa-Omega.

CHEVALIER, Jean-Claude e KUENTZ, Pierre (1972). *Langage et histoire.* Paris: Larousse.

COELHO, Ildeu Moreira (1982). "A questão política do trabalho pedagógico". *In:* BRANDÃO, Carlos. *Educar: Vida e morte.* Rio de Janeiro: Graal.

CORONA, Lúcia G. e NAGEL, Lízia H. (1978). *Preconceitos e estereótipos em professores e alunos.* Petrópolis: Vozes.

CORREA, Carlos Humberto P. (1978). *História oral: Teoria e técnica.* Florianópolis: UFSC.

CUNHA, Maria Isabel da (1985). *Reflexão sobre a educação de professores como a prática da supervisão pedagógica.* Trabalho apresentado no Seminário Internacional de Ensino da UFRGS. Porto Alegre.

_____ (1987). *Avaliação da universidade*. Painel promovido pela Associação de Docentes da Universidade Federal de Pelotas (Adufpel). Movimento de greve, abr.

DEMO, Pedro (1985). *Metodologia científica em Ciências Sociais*. São Paulo: Atlas.

DOMINGUES, Maria Hermínia N. da S. (1985). "Escola de 1º grau: Passagem da 4ª para a 5ª série". Tese de doutorado. PUC-SP.

DOMINICE, Pierre (1982). *A biografia educativa: Instrumento de pesquisa para a educação de adultos*. S.l. (mimeo).

EISNER, Elliot (1984). "The kind of schools we need". *Interchange*. The Ontario Institute for Studies in Education.

ESTRELA, Maria Teresa e ESTRELA, Albano (1977). *Sobre perspectivas actuais sobre a formação de professores*. Lisboa: Estampa.

EZPELETA, Justa e ROCKWELL, Elzie (1986). *Pesquisa participante*. São Paulo: Cortez.

FAZENDA, Ivani Catarina A. (1985). *Educação no Brasil anos 60: O pacto do silêncio*. São Paulo: Loyola.

FELDENS, Maria das Graças F. (1984). "Educação de professores: Tendências, questões e prioridades". *Tecnologia Educacional*, (7) 61. Rio de Janeiro, nov./dez., pp. 16-26.

FERNANDES, Florestan (1987). "A formação política e o trabalho do professor". *In: Universidade, escola e formação de professores*. São Paulo: Brasiliense.

FLANDERS, Ned A. (1960). *Teacher influence, pupil attitudes and achievement; studies interactions analysis*. Minneapolis: University of Minnesota.

FOUCAULT, Michel (1985). *As palavras e as coisas. Uma arqueologia das ciências humanas*. São Paulo: Martins Fontes.

FRANCO, Maria Aparecida Ciavatta *et al*. (1984). "O papel do professor e sua construção no cotidiano escolar". Rio de Janeiro: Universidade Santa Úrsula (mimeo).

FREIRE, Paulo (1975). *Pedagogia do oprimido*. Rio de Janeiro: Paz e Terra.

_____ (1982). *Extensão ou comunicação?*. Rio de Janeiro: Paz e Terra.

FREIRE, Paulo e FREI BETO (1986). *Essa escola chamada vida*. São Paulo: Ática.

FREIRE, Paulo e SHOR, Ira (1986). *Medo e ousadia. O cotidiano do professor*. Rio de Janeiro: Paz e Terra.

GADOTTI, Moacir (1980). *Educação e poder: Introdução à pedagogia do conflito*. São Paulo: Cortez.

_____ (1987). "A questão da educação e a formação do educador: Aprendendo com a minha própria história". *Em Aberto*, 6(34). Brasília, abr./jun.

GAGE, N.L. (1963). *Hansbook of research on teaching*. Chicago: Rand McNally.

GAJARDO, Marcela (1986). *Pesquisa participante na América Latina*. São Paulo: Brasiliense.

GALLAGUER, James et al. (1966). *A system of topic classification: Classroom interactions study.* University of Illinois.

GATTI, Bernadete (1987). "Sobre a formação de professores". *Em Aberto*, 6(34). Brasília, abr./jun.

GEERTZ, Clifford (1978). *A interpretação das culturas.* Rio de Janeiro: Zahar.

GEHLEN, Ivaldo e SILVA, Marta A. (1986). "O saber como instrumento político e a função do agente em educação". *Contexto e Educação*, 1(1). Universidade de Ijuí, jan./mar.

GOERGEN, Pedro L. (1979). "Teoria e prática: Problema básico da educação". *In:* REZENDE, Antonio Muniz (org.). *Iniciação teórica e prática à ciência da educação.* Petrópolis: Vozes.

GOFFMAN, Erwing (1979). *A representação do eu na vida cotidiana.* Petrópolis, Vozes.

GOODE, W. e HATT, P.K. (1960). *Métodos em pesquisa social.* São Paulo: Nacional.

GORMAN, Robert (1979). *A visão dual.* Rio de Janeiro: Zahar.

GRESSLER, Lori Alice (1983). *Pesquisa educacional.* São Paulo: Loyola.

GUIMARÃES, Alba Zaluar (org.) (1980). *Desvendando máscaras sociais.* Rio de Janeiro: Francisco Alves.

GUSDORF, Georges (1970). *Professores para quê?.* Lisboa: Martins Fontes.

HAGUETTE, Teresa Maria F. (1987). *Metodologia qualitativa na sociologia.* Petrópolis: Vozes.

HELLER, Agnes (1985). *O cotidiano e a história.* São Paulo: Paz e Terra.

HUBERT, René (1967). *História da pedagogia.* São Paulo: Nacional.

KUENZER, Acácia Z. e MACHADO, Lucília R. de S. (1984). "A pedagogia tecnicista". *In:* MELLO, Guiomar N. (org.). *Escola nova, tecnicismo e educação compensatória.* São Paulo: Loyola.

KRAMER, Sonia e ANDRÉ, Marli (1984). "Alfabetização: Um estudo sobre professores das camadas populares". *Revista Brasileira de Estudos Pedagógicos*, 65(151). Brasília, set./dez., pp. 507-738.

LEMBO, J.M. (1975). *Por que falham os professores.* São Paulo: EPU/Edusp.

LIBÂNEO, J.C. (1985). *Democratização da escola pública: A pedagogia crítico-social dos conteúdos.* São Paulo: Loyola.

LÖWY, Michael (1987). *As aventuras de Karl Marx contra o Barão de Münchhausen: Marxismo e positivismo na sociologia do conhecimento.* São Paulo: Busca Vida.

LUCKESI, Cipriano Carlos (1984). "Equívocos teóricos na prática educacional". *Série Estudos e Pesquisas da Associação Nacional de Tecnologia Educacional* (ABT) n. 27.

LÜDKE, Hermengarda et al. (1984). "Metodologias qualitativas na pesquisa em educação: Contribuição ao estudo da escola". *Anais do Encontro de Pesquisa da Região Sudeste.* São Paulo.

LÜDKE, Menga (1984). "Novos enfoques de pesquisa em didática". *In:* CANDAU, Vera (org.). *A didática em questão.* Petrópolis: Vozes.

_____ (1988). "Como anda o debate sobre metodologias quantitativas e qualitativas na pesquisa em educação?". *Cadernos de Pesquisa,* 64. São Paulo, fev., pp. 61-63.

LÜDKE, Menga e ANDRÉ, Marli (1986). *Pesquisa em educação: Abordagens qualitativas.* São Paulo: EPU.

MACHADO, Lucília R. de S. (1982). *Educação e divisão social do trabalho.* São Paulo: Cortez.

MAFFESOLI, Michel (s.d.). *O conhecimento do quotidiano.* Lisboa: Vega.

MARKUS, Gyorgy (1974). *Teoria do conhecimento no jovem Marx.* Rio de Janeiro: Paz e Terra.

MARTÍNEZ, Miguel M. (1985). *Nuevos metodos para la investigación del comportamiento humano.* Caracas: Universidad Simon Bolivar (mimeo).

MARTINS, Joel *et al.* (1984). *Temas fundamentais da fenomenologia.* São Paulo: Moraes.

MELLO, Guiomar N. de (1982). *Magistério de 1º grau: Da competência técnica ao compromisso político.* São Paulo: Cortez.

_____ (1983). "As atuais condições de formação do professor de 1º grau: Algumas reflexões e hipóteses de investigação". *Cadernos de Pesquisa,* 45. São Paulo, maio, pp. 71-78.

MELLO, Guiomar N. de (org.) (1984). *Escola nova, tecnicismo e educação compensatória.* São Paulo: Loyola.

MENDES, Durmeval Trigueiro (1983). "Existe filosofia da educação brasileira?". *In: Filosofia da educação brasileira.* Rio de Janeiro: Civilização Brasileira.

MENEZES, Luís Carlos (1987). "Formar professores: Tarefa da universidade". *In: Universidade, escola e formação de professores.* São Paulo: Brasiliense.

MEUX, Milton O. (1967). "Studies of learning in the school setting". *Review of Educational Research,* 5, p. 32.

MEZAN, Renato (1988). *A vingança da esfinge: Ensaios de psicanálise.* São Paulo: Brasiliense.

MICHELAT, Gui (1984). "Sobre a utilização da entrevista não diretiva em sociologia". *In:* THIOLLENT, M. *Crítica metodológica, investigação social e enquete operária.* São Paulo: Polis.

MILLS, Wright (1979). *A nova classe média.* Rio de Janeiro: Zahar.

MORRISON, A. e McINTYRE, D. (1975). *Os professores e o ensino.* Rio de Janeiro: Imago.

MOSQUERA, Juan (1976). *O professor como pessoa.* Porto Alegre: Sulina.

NICHOLSON, Clara K. (1969). *Antropologia y educación.* Buenos Aires: Paidós.

NOGUEIRA, Aracy (1968). *Pesquisa social: Introdução às suas técnicas*. São Paulo: Nacional.

NOSELLA, Paolo (1983). "Compromisso político como horizonte da competência técnica". *Educação e Sociedade*, 14. São Paulo, abr., pp. 91-97.

ORLANDI, Eni Pulcinelli (1986). "Análise do discurso: Algumas observações". *D.E.L.T.A.*, 2 (1). São Paulo, pp. 105-106.

_____ (1986). *O que é lingüística*. São Paulo: Brasiliense.

_____ (1987). *A linguagem e seu funcionamento: As formas do discurso*. Campinas: Pontes.

_____ (1988). *Discurso e leitura*. São Paulo/Campinas: Cortez/Ed. da Unicamp.

PASQUALI, Luiz (1984). "Questionário de avaliação de docência (QAD)". *Educação e Sociedade*, 9. São Paulo, pp. 71-98.

PECHEUX, M. (1969). *Analyse automatique du discours*. Paris: Dumond.

_____ (1975). *Les vérités de la Palice*. Paris: Maspero.

PIRES, Fernando D. de Ávila (1982). "Da platéia ao palco: Reflexões sobre a relação professor-aluno". *Educação e Realidade*, 7(1). Porto Alegre, jan./abr., p. 3.

POSTIC, Marcel (1979). *Observação e formação de professores*. Coimbra: Almedina.

RIBEIRO, Maria Luiza S. (1974). *A formação política do professor de 1º e 2º graus*. São Paulo: Cortez.

_____ (1978). *Introdução à história da educação brasileira*. São Paulo: Cortez e Moraes.

RODRIGUES, Neidson (1985). *Por uma nova escola: O transitório e o permanente na educação*. São Paulo: Cortez.

ROGERS, Carl (1971). *Liberdade para aprender*. Belo Horizonte: Interlivros.

ROMANELLI, Otaíza de O. (1983). *História da educação no Brasil*. Petrópolis: Vozes.

SÁ, Nicanor Palhares (1985). "Educação: Contradição do pensamento crítico no Brasil". Tese de doutorado. PUC-SP.

SANTOS, Laymert Garcia dos (1981). *Desregulagens: Educação, planejamento e tecnologia como ferramenta social*. São Paulo: Brasiliense.

SELLTIZ, C. et al. (1967). *Métodos de pesquisa nas relações sociais*. São Paulo: EPU.

SILVA, Sonia Aparecida I. (1986). *Valores em educação: O problema da compreensão e da operacionalização dos valores na prática educativa*. Petrópolis: Vozes.

SNYDERS, George (1979). *Escola. Classe e luta de classe*. Lisboa: Moraes.

STAKE, Robert E. (1983). "Pesquisa qualitativa-naturalista: Problemas epistemológicos". *Educação e Seleção*, 7. São Paulo, jan./jun., pp. 19-27.

SUCHODOLSKI, Bodgan (1984). *A pedagogia e as grandes correntes filosóficas.* Lisboa: Horizonte.

THIOLLENT, M. (1984). *Crítica metodológica, investigação social e enquete operária.* São Paulo: Polis.

THIOLLENT, M. e MICHEL, J. (1984). "Aspectos qualitativos da descrição, avaliação e reconstrução". *Cadernos de Pesquisa,* 49. São Paulo, pp. 45-50.

_____ (1985). *Metodologia da pesquisa-ação.* São Paulo: Cortez.

VEIGA, Ilma Passos A. (org.) (1988). *Repensando a didática.* Campinas: Papirus.

_____ (1989). *A prática pedagógica do professor de didática.* Campinas: Papirus.

VESENTINI, José William (1987). "O médico e a práxis". *In: Ensino de geografia em questão.* Rio de Janeiro: Marco Zero.

VIEITEZ, Cândido G. (1982). *Os professores e a organização da escola.* São Paulo: Cortez.

Especificações técnicas

Fonte: Times New Roman 10,5 p
Entrelinha: 13,5 p
Papel (miolo): Offset 75 g/m²
Papel (capa): Cartão 250 g/m²